课文里的中国

江西

朱　虹
李旺根
熊　玫
◎ 编著

人民教育出版社　江西教育出版社
·北京·　　　　·南昌·

赣版权登字-02-2025-311
版权所有 侵权必究

图书在版编目（CIP）数据

课文里的中国 : 江西 / 朱虹，李旺根，熊玫编著.
南昌 : 江西教育出版社；北京 : 人民教育出版社，
2025.7. -- ISBN 978-7-5705-5037-1

Ⅰ.K925.6-49

中国国家版本馆CIP数据核字第2025UC2273号

课文里的中国·江西
KEWEN LI DE ZHONGGUO · JIANGXI

朱　虹　李旺根　熊　玫　编著

人民教育出版社出版
（北京市海淀区中关村南大街 17 号院 1 号楼　邮编：100081）
江西教育出版社出版
（南昌市学府大道 299 号　邮编：330038）

各地新华书店经销
江西千叶彩印有限公司印刷
710 毫米 ×1000 毫米　　16 开本　　18.5 印张　　156 千字
2025 年 7 月第 1 版　　2025 年 7 月第 1 次印刷

ISBN 978-7-5705-5037-1
定价：56.00 元

赣教版图书如有印装质量问题，请联系我社调换　电话：0791-86710427
总编室电话：0791-86705643　　编辑部电话：0791-86706210
投稿邮箱：JXJYCBS@163.com　　网址：http://www.jxeph.com

朱虹

序
在经典课文中探寻江西的千年风华

江西,这片钟灵毓秀的土地,自古以来便是文人墨客笔下的灵感源泉。从陶渊明"采菊东篱下,悠然见南山"的闲适田园,到王勃笔下"落霞与孤鹜齐飞,秋水共长天一色"的壮美滕王阁,无数经典诗词、文章如同璀璨星辰,照亮了华夏文明的天空。这些流传千古的名篇,不仅是文学艺术的瑰宝,更是了解江西历史文化、风土人情的重要窗口。《课文里的中国·江西》一书,将教材中有关江西的经典名篇精心梳理、深入解读,为读者搭建起一座通往江西文化的桥梁。

翻开这本书，我们仿佛穿越时空，与古代文人雅士对话。每一首诗词、每一篇文章都是一个故事，每一段解读都是一次心灵的旅程。在这里，我们可以跟随李白的"飞流直下三千尺，疑是银河落九天"的浪漫诗句，去遥看庐山的瀑布；可以伴着杨万里"小荷才露尖尖角，早有蜻蜓立上头"的优美诗篇，漫步他的家乡吉水，领略初夏江西的风采。这些诗词、文章，或描绘江西的自然风光，或抒发作者的人生感悟，或记录历史的沧桑巨变，从不同角度展现了江西的独特魅力。

本书的特别之处在于，它不仅对课文进行了详细的注解，还深入挖掘了诗词、文章背后的历史文化背景和人文故事。通过生动的语言和丰富的史料，读者可以了解到诗文创作的时代背景、作者的生平经历以及诗词所反映的社会风貌。这种解读方式，让经典诗文不再是遥不可及的阳春白雪，而是变得通俗易懂、鲜活生动。读者在欣赏诗意之美的同时，也能更深入地了解江西伟大的历史，感受到优秀传统文化的博大精深。

江西的文化底蕴厚重，语文和历史课文更是其中的精华。这些流传于教材中的诗文名篇，是江西文化的代表，也是中华民族共同的精神财富。《课文里的中国·江西》的出版，不仅有助于传承和弘扬江西的优秀传统文化，也为广大读者提供了一个了解江西、认识江西的重要平台。无论是对传统文化感兴趣的读者，还是希望深入了解江西的游客，这本书都具有很高的阅读价值。

在当今时代，传承和弘扬中华优秀传统文化具有重要意义。《课文里的中国·江西》以诗文为载体，将江西的历史文化呈现在读者面前，让更多的人了解江西、热爱江西。希望这本书能够成为一把钥匙，打开读者通往江西千年文化的大门，让更多的人在经典诗文中领略江西的魅力，感受传统文化的永恒价值。愿每一位读者都能在阅读这本书的过程中，收获知识、启迪智慧，与江西的历史文化来一场美丽的邂逅。

目录

01·小荷才露尖尖角
（相关课文：人教社统编语文教材一年级下册） 2

02·红井水，清又甜
（相关课文：人教社统编语文教材一年级下册） 8

03·暗香
（相关课文：人教社统编语文教材二年级上册） 14

04·飞流直下三千尺
（相关课文：人教社统编语文教材二年级上册） 20

05·八角楼的灯光
（相关课文：人教社统编语文教材二年级上册） 26

06·朱德挑粮
（相关课文：人教社统编语文教材二年级上册） 33

07 · 鸟语泉声
（相关课文：长春版语文教材二年级上册） 40

08 · 映日荷花别样红
（相关课文：人教社统编语文教材二年级下册） 46

09 · 围炉暖酒
（相关课文：小学二年级课外诵读材料） 52

10 · 山寺桃花开
（相关课文：人教社统编语文教材三年级下册） 58

11 · 打响第一枪
（相关课文：1961年人教版小学语文教材第六册） 68

12 · 庐山云雾的缥缈与灵动
（相关课文：苏教版语文教材三年级下册） 77

13 · 不识庐山真面目
（相关课文：人教社统编语文教材四年级上册） 82

14 · 村居童趣
（相关课文：人教社统编语文教材四年级下册） 88

15 · 手捧照片思亲人
（相关课文：1982年人教版小学语文教材第九册）   99

16 · 清贫的方志敏
（相关课文：人教社统编语文教材五年级下册）   107

17 · 军民同心战洪魔
（相关课文：苏教版语文教材五年级下册）   116

18 · 乡村田园交响乐
（相关课文：人教社统编语文教材六年级上册）   122

19 · 红军不怕远征难
（相关课文：人教社统编语文教材六年级上册）   128

20 · 青山遮不住
（相关课文：长春版语文教材六年级上册）   134

21 · 明月何时照我还
（相关课文：人教社统编语文教材六年级下册）   140

22 · 春归何处
（相关课文：人教社统编语文教材六年级下册）   146

23 · 黄洋界上炮声隆
（相关课文：长春版语文教材六年级下册） 154

24 · 红土地上的革命竹梁
（相关课文：人教社统编语文教材七年级下册） 166

25 · 出淤泥而不染
（相关课文：人教社统编语文教材七年级下册） 172

26 · 天才在于勤奋
（相关课文：人教社统编语文教材七年级下册） 178

27 · 不畏浮云遮望眼
（相关课文：人教社统编语文教材七年级下册） 186

28 · 匡庐奇秀甲天
（相关课文：齐鲁版七年级《传统文化》） 195

29 · 似曾相识燕归来
（相关课文：人教社统编语文教材八年级上册） 204

30 · 种豆南山下
（相关课文：人教社统编语文教材八年级上册） 210

31·隐逸诗宗的另类简功
（相关课文：人教社统编语文教材八年级下册） 214

32·探寻中国理想社会的第一名篇
（相关课文：人教社统编语文教材八年级下册） 221

33·留取丹心照汗青
（相关课文：人教社统编语文教材九年级下册） 226

34·琵琶声里天涯泪
（相关课文：人教社统编语文教材高中必修上册） 234

35·田园草屋居
（相关课文：人教社统编语文教材高中必修上册） 238

36·杜丽娘游园惊梦
（相关课文：人教社统编语文教材高中必修下册） 242

37·秋水共长天一色
（相关课文：人教版语文教材高中必修5） 250

38·弃官归田心自安
（相关课文：人教社统编语文教材高中选择性必修下册） 258

39·江湖奇峰石钟山
（相关课文：人教社统编语文教材高中选择性必修下册）266

40·落木千山天远大
（相关课文：人教社统编语文教材高中选择性必修下册）272

41·登高壮观天地间
（相关课文：粤教版语文教材高中选修）　　　　　278

小池

杨万里

泉眼无声惜细流,树阴照水爱晴柔。
小荷才露尖尖角,早有蜻蜓立上头。

01 小荷才露尖尖角

（相关课文：人教社统编语文教材一年级下册）

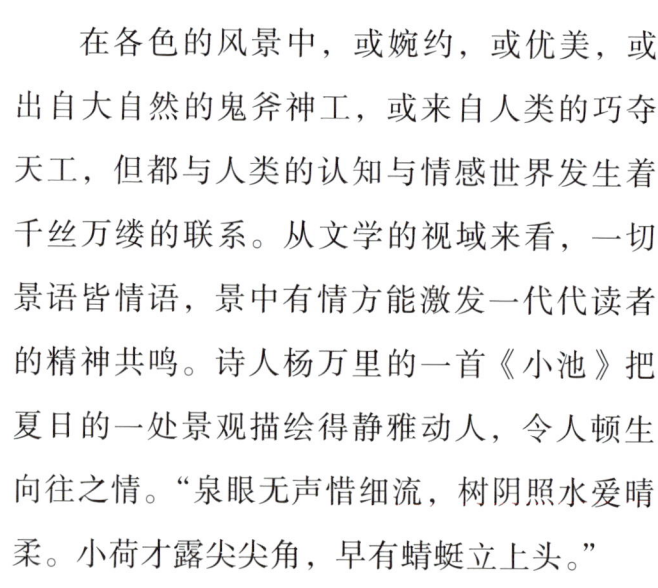

在各色的风景中，或婉约，或优美，或出自大自然的鬼斧神工，或来自人类的巧夺天工，但都与人类的认知与情感世界发生着千丝万缕的联系。从文学的视域来看，一切景语皆情语，景中有情方能激发一代代读者的精神共鸣。诗人杨万里的一首《小池》把夏日的一处景观描绘得静雅动人，令人顿生向往之情。"泉眼无声惜细流，树阴照水爱晴柔。小荷才露尖尖角，早有蜻蜓立上头。"

如此景致，在江南颇为常见，但读将起

来却觉新鲜可人，其奥秘便在于作者将生命的感受和眼前之景融为一体，传递出物我交融的真切感和精致的内蕴。无疑，荷花初露尖角，美而充满稚气，慧眼识英才的蜻蜓作为推力，使得荷花之美得以早日绽放。

杨万里创作《小池》和他的一段闲居生活有关。此诗的创作时间是淳熙三年（1176）五月初。创作地点在吉水县境内。题中的"小池"当指杨万里故居"父子侯第"正前方的大水塘。

杨万里乃性格刚硬之人，敢于为正义发声。写下《小池》之前，杨万里不断上书，把对朝廷的诸多意见表达得淋漓尽致。《小池》表面看来是活泼可爱的风格，实际

广昌中国莲花景区

杨万里雕塑

却深蕴着杨万里对人生五十载的回顾以及对于大宋江山社稷的反思。

童年的杨万里就像是一朵"荷花",父亲就是那飞到"荷花"上的"蜻蜓",给了他最初又最及时的认可。绍兴二年(1132),杨万里开始接受启蒙教育,而父亲就是启蒙教育的执行者。绍兴三年(1133),父亲在乡里招生,杨万里跟随父亲学习经书。绍兴七年(1137),父亲带着杨万里宦学四方。绍兴二十五年(1155),杨万里被任命为赣州司户参军。在任赣州司户参军期间,其父杨

吉安杨万里诗画小镇

芾又带领他去拜见了张九成和胡铨。张九成、胡铨等前辈的学问、节操以及力主抗金的爱国精神，深深感染着杨万里。

杨芾不仅亲自传授杨万里经史子集、诗词歌赋，还不放过任何机会，让杨万里得到更多有识之士的栽培。当他听说王庭珪来到江西之后，他立马带着杨万里追至其门下。他们用真诚敲开了王庭珪的门，王庭珪看杨万里敦厚聪敏，当即就收他为弟子。此时，王庭珪已过花甲之年，比杨万里整整大了48岁。但年龄的跨度不但没有成为两人之间的隔阂，反而更加显现了"蜻蜓"对于"小荷"的关心和爱护。王庭珪对杨万里授课的同时，还在为人、为仕等方面言传身教、时有探讨。

绍兴二十四年（1154），杨万里进士及第，次年赴任赣州司户参军。绍兴二十九年（1159）十月，杨万里赴任永州零陵丞。无论仕途如何变动，杨万里一有机会就想拜见恩师王庭珪。

幸运的是，杨万里两次拜见恩师总算如愿一回，另一回则遗憾折返。王庭珪在记述与杨万里交往的情况时写道："某去岁获见清矩，慰十年怀想之诚。少年登科，未足为左右贺，一日相见，词学骤长，语有惊人，兹可贺也。去冬之官，再经敝里，失于侦伺，辱留手墨，追见不及。

家仆回,又辱惠字,何其勤也。"其中的两次拜见,一次是王庭珪先生为杨万里的成就和进步感到由衷欣慰,另一次则为未能相见感到歉疚和遗憾。那朵小小的"荷花"长大了,"蜻蜓"虽不一定在其身旁,但"荷花"的勤勉和成长还是让王庭珪发自内心地感到喜悦。

　　小池虽小,却是纷繁世界的隐喻。杨万里写下《小池》并受到历代读者的欢迎和热爱并不奇怪。

吃水不忘挖井人

瑞金城外有个村子叫沙洲坝,毛主席在江西领导革命的时候,在那儿住过。

村子里没有水井,乡亲们吃水要到很远的地方去挑。毛主席就带领战士和乡亲们挖了一口井。

解放以后,乡亲们在井旁边立了一块石碑,上面刻着:"吃水不忘挖井人,时刻想念毛主席。"

本文根据"我们伟大的祖国"专栏图片报道改写,原文刊载于1951年10月12日《人民日报》。

02 红井水，清又甜

（相关课文：人教社统编语文教材一年级下册）

1931年，中华苏维埃共和国临时中央政府在瑞金成立。政府驻地起初设在叶坪，后来遭到白匪军狂轰滥炸。为了防空安全，1933年4月，临时中央政府从叶坪迁到沙洲坝。当时，毛泽东住在沙洲坝的村子里，虽身体虚弱，但他仍坚持工作，开展调查，收集和掌握各方面情况。

有一天傍晚，毛主席办完公事回来，一下马，看见乡亲们从塘里挑水，便问：

红井水，清又甜

红井游览区雕塑

"这水挑去做什么用?"乡亲们回答说:"吃呀!"毛主席看了疑惑地问:"水这么脏,能吃吗?"乡亲们苦笑着说:"有什么办法,再脏也得吃啊!"毛主席说:"不能打井吗?"乡亲们摇摇头说:"沙洲坝人喝不得井水,这是天命!"原来,以前乡亲们也想过要挖井,可是一来穷,没人愿意带头出钱出力做这件事;二来又迷信,怕坏了风水。听风水先生说,沙洲坝的龙脉是条旱龙,一旦打井,就会破坏龙脉,所以更没有人敢去冒这个风险。当地人只好祖祖辈辈每天到塘里去挑水喝。

毛主席听完哈哈大笑,说:"不要信天命,要信革命!还是打口井吧!"说罢,牵马进村去了。乡亲们也散了,谁也没有把这话放在心上。

有一天,天刚蒙蒙亮,村里的乡亲像往常一样出门挑水,看见两个人在村头,一个拿着锄头,一个拿着锹,这里锄锄,那里铲铲。挑水的乡亲走上前一看,原来是毛主席和他的警卫员在挖井。毛主席要挖井的事立即传遍了全村。众人都带上锄头、铁锹,好奇地聚集到村头。毛主席对乡亲们说:"这几天忙,没工夫找大家商量打井的事,今天有半天的空,我先替大家找个有水源的地方,定个位,破个土。我知道,你们信风水,怕得罪旱龙王,我不怕。如果旱龙王怪罪下来,让它来找我算账好了!"毛主席这番话逗得大家都笑了，于是大家开始和毛主席一起卖力地挖起井来。不到一天的工夫，一口井便挖成了。从此，沙洲坝的乡亲们喝上了干净的井水。

1934年，毛泽东写了《关心群众生活，注意工作方法》一文，为党指导中央苏区践行群众路线提供了重要参考。也就是在这一年，反动派回到沙洲坝，听说这口井是毛泽东亲手挖的，恨得把井填了。乡亲们只好又去塘里挑水喝。

喝过了又清又甜的井水，再喝这又脏又臭的塘水，那滋味甭提多难受了。乡亲们白天不敢到井边来，只好等到夜深人静时，默默地围坐在井边，盼着红军能早点

瑞金沙洲坝红井

凯旋。有一天晚上，几个国民党反革命地方武装靖卫团成员（通常被百姓称为"靖卫狗子"）到村子里来查户口，发现村子里竟然是空的，来到村头，才发现全村男女老少都围在井边。"靖卫狗子"以为他们又要聚众闹事，哪知道村民们是在想念毛泽东、想念红军。最后，反动派下了一道禁令："谁要是三更半夜再到井边去，抓住就杀头。"并在井边钉了一块木板牌子，牌子上写着"违禁者杀"四个大字。可是沙洲坝的乡亲们并不理会，一到晚上，仍然不约而同地来到村头，默默地围坐在井边，心里念着毛主席，只盼红军早日归来，就这样，一直盼到1949年中华人民共和国成立。

1950年，毛主席派慰问团来南方老革命根据地。沙洲坝人民为了迎接慰问团，对毛主席带领大家开挖的这口井进行了全面整修，并取名为"红井"，同时在井旁立了一块碑，刻上"吃水不忘挖井人，时刻想念毛主席"十四个大字，以表达对毛主席的无限崇敬和思念。

如今，沙洲坝人民都喝上了更方便、更卫生的自来水，不用再去红井打水喝了。但红井的名气却越来越大，成为人们仰慕向往的红色圣地。

梅花

王安石

墙角数枝梅,凌寒独自开。
遥知不是雪,为有暗香来。

03 暗香

（相关课文：人教社统编语文教材二年级上册）

《梅花》是北宋诗人王安石创作的一首五言绝句。诗中墙角梅花不惧严寒，傲然绽放的姿态在凛冽的寒风中仍然素净而美好。王安石在此不仅仅描摹出一情一景，且此情此景传递了诗人彼时的状态和心境，更能让遇见此诗的读者得到灵魂的洗礼。

熙宁元年（1068），王安石呈上《本朝百年无事札子》，主张"发富民之藏"以救"贫民"，希望通过变革实现富国强兵。由于变革牵一发而动全身，遭到反对者谤议实属必然。

抚州上池村王安石故里

抚州西林梅园

熙宁七年（1074）春，天下大旱，饥民流离失所，反对者将灾荒归咎于王安石身上，王安石因此被罢相。次年二月，王安石复相。熙宁九年（1076），王安石再次被罢相，历经宦海浮沉，他心态逐渐发生变化，后闲居钟山。冬日雪落，梅花暗香的景致让诗人心有万言，于是，《梅花》一诗著就。

  此诗虽有孤独之意，但却暗含傲然独立的峭拔和历久弥新的幽香。从文如其人的视角来看，梅花实际上照见的是诗人的影像。梅花与诗人共同之处在于淡泊却具有独立姿态的精神。而这种精神及气象的养成，则可以追溯到王安石的早年。

  在王安石的家乡抚州临川，有一个梅园，每到寒冬

腊月,梅花绽放的时候,王安石的父亲总是会把孩子们带去赏梅。父亲告诉孩子们,梅、兰、竹、菊是花中四君子,做人要像它们一般。王安石觉得祖父和父亲都有梅花的品质,清香自守,不畏风雪,暗下决心要成为像他们一样的人。若干年后,王安石和儿子王旁在抚州临川上池村的西林梅园赏梅,王旁虽然天资平平,但是王安石仍鼓励他做个君子,鼓励他要有穿越寒冬的勇气和魄力。

童年的王安石在父母的教育下,对家族精神有了更深刻的认识,读书也愈发刻苦。但偶然开小差在所难免。王安石在临川跟随杜子野先生读书时,先生让他背的书没有背出来。先生了解王安石,如果用心,背诵这段文字根本不在话下,只怕是他心里又惦记着结伴"闯江湖"了。情急之下,先生随手拿起一个砚台就向王安石扔去。砚台似乎长了眼睛,砸中了王安石的脑袋,鲜血直流,吓得先生直冒冷汗。

此时,正巧王安石之父王益来看儿子,见此情景,心下已有几分想法。先生见到王父来了既尴尬又惭愧,只见先生双手抱拳,叹了一口气,说道:"王先生,我下手太重了,孩子偶尔顽皮是小事,用砚台打人确是我的过错,请王先生责罚。"王益听后,拉着杜先生的手,笑

抚州梦湖

着说:"杜先生,你严加管教没有错。犬子顽皮,是我教育不当啊,往后请先生仍要对他严加管教。"王安石自知有错,嘟囔着赶紧包扎,以此掩饰自己的紧张。父亲和先生看出了他的小心思,也都笑了。包扎好伤口后,父亲牵着王安石的手问道:"你还记得咱们上池村的梅花吗?你可答应过爹要做君子的啊。"王安石感受到了父爱的坚毅和宽容,眼泪扑簌簌流了出来。

就这样,王安石在成长的道路上,不断受到家庭和师门的影响,逐步确立起人生的志向。王安石是幸运的,因为在成长的路上他遇到了良师,拥有了梅花所代表的品质。

在冰天雪地的冬日,百花凋零,唯有梅花傲然绽放。梅花虽没有牡丹的雍容华贵,没有玫瑰的娇艳妩媚,却以独有的淡雅与坚韧,征服了人们的心。梅花历经寒冬,在霜雪的侵袭下,依然挺立枝头,散发芬芳。它的枝干曲折苍劲,虽饱经沧桑,却顽强不屈。这坚韧不拔的精神,恰似那些在困境中坚守、在磨难中奋进的勇者。梅花还具有不与百花争春的谦逊。它于寂静寒冬独自盛开,将美好默默奉献,不张扬、不邀功。这般高洁品格,怎能不让人肃然起敬?

望庐山瀑布

李白

日照香炉生紫烟,
遥看瀑布挂前川。
飞流直下三千尺,
疑是银河落九天。

04 飞流直下三千尺

（相关课文：人教社统编语文教材二年级上册）

晨曦中的庐山，云雾缭绕，宛如仙境。今天，我们要领略的是这里最为壮美的自然景观——庐山瀑布。

凡是读书人，都读过这首诗："日照香炉生紫烟，遥看瀑布挂前川。飞流直下三千尺，疑是银河落九天。"

凡是读书人，尽管心中往来如织，却始终会给李白留一方天地。天地、星河、山川、草木、美酒、明月，桩桩件件，皆为李白的事，是世事，也是心事。

李白一生五次来到庐山,写下40余首诗词,《望庐山瀑布》是简单又瑰奇的一首。在这首诗里,开篇就营造了一个梦境或者说是仙境。李白在诗中头七个字里对瀑布一字未提,只告诉人们,阳光照在香炉峰上,朦胧的

庐山秀峰瀑布

紫色烟霞笼罩了整个世界,仿佛山峰就是香炉,而云雾就是这香炉散出的轻烟。仅七字,瀑布的神韵尽在其中。而后才点出自己的位置和吟咏的对象——"遥看瀑布挂前川"。由"遥看"二字领出的这句,仿佛一声惊叹,就像李白不经意抬起头来,壮观的瀑布突然映入眼帘。"遥看"不仅将瀑布的空间感描写了出来,而且显示了自然的宏阔和人的渺小。在这两句的铺垫下,李白在最后两句诗里完全放飞了自我,"飞流直下三千尺,疑是银河落九天",将庐山瀑布的雄伟绮丽表现得淋漓尽致。

其实庐山有很多瀑布,世间还有很多瀑布,写瀑布的诗也数不胜数,可唯独这一首诗成就了庐山,正如郁达夫《咏西子湖》一诗中所言:"江山也要文人捧"。

有时听来的故事不如眼前的风景,有时眼前的风景不如听来的故事。在许多时候,"李白"不仅是一个具体的人,更是一个符号、一种声音、一种浪漫、一种气度。我们少时读书,自负天才,胸怀天下,认定只需展翅一试,即可腾达。李白在《庐山谣寄卢侍御虚舟》中写道"我本楚狂人,凤歌笑孔丘"。我们知道的李白,拥有一种张扬豁达的个人心性,也象征着一种气势磅礴的开元气象。"飞流直下三千尺"仿佛一种幻视,庐山瀑布瑰丽旖旎,氤氲的紫气充盈在山间。人世间充满各种不确定

飞流直下三千尺　23

庐山锦绣谷

庐山含鄱口

性,恍恍惚惚之间李白来了,他既像神,又像人,是人间之神,是仙家之人。

飞湍瀑流,遗世独立,李白虽不是真正的仙人,却能与天地"对话",而所叩问的皆是人事,他仰天长啸,上下求索。在李白看来,天地为我所用,人情为我所动,携仙人遨游匡庐,抱明月相拥世间。李白的诗歌描摹的都是梦,山水飞流的颜色就是李白紫衫青衣的颜色。

八角楼上

在井冈山艰苦斗争的年代,毛主席住在茅坪村的八角楼。每当夜幕降临的时候,八角楼上的灯就亮了。

这是个寒冬腊月的深夜,毛主席穿着单军衣,披着薄毯子,坐在竹椅上写文章。他右手握着笔,左手轻轻地拨了拨灯芯,灯光更加明亮了。凝视着这星星之火,毛主席在沉思,连毯子滑落下来也没察觉到。就在这盏清油灯下,毛主席写下了许多光辉著作,照亮了中国革命胜利的道路。

本文选自人民教育出版社《全日制十年制学校小学课本(试用本)语文第五册》。

05 八角楼的灯光

（相关课文：人教社统编语文教材二年级上册）

在井冈山茅坪村谢氏慎公祠的后面，有一栋赭黄色的二层小楼。房屋倚山坡而建，坐东朝西，悬山式土木结构，小青瓦屋面，占地面积143平方米，外形与附近的普通居民楼毫无二致。这里原是当地中医谢池香的住宅，因左侧楼上卧室顶部有一个天窗，修成了与众不同的八边形，故当地人称之为"八角楼"。

如今，八角楼内还陈列着一盏轻便而简朴的小油灯。这盏被熏黑了的、靠灯芯燃出

茅坪毛主席旧居

微光的油灯,是当年红军在井冈山时用过的许多油灯中的一盏。它看起来是那么普通:一截20厘米高的竹筒做托儿,上面放一个铁皮盏,可以盛灯油和灯芯,两侧还有一个便于手提的用竹皮拧成的竹梁。使用时,要先往铁皮盏里注入油,并放入一根棉制灯芯,再点着。点燃后,每隔一段时间,就要将灯芯向上挑一挑,定期用剪刀剪断烧硬了的灯芯头,注入新的油。这样的油灯,火苗不大，亮度还不如蜡烛。如今人们早已不用，但是这盏油灯至今仍受到共产党员的景仰和歌颂，因为毛泽东曾在这盏油灯下读书写作，通宵达旦地为革命事业而奋斗。

1927年10月，毛泽东率领秋收起义部队到达井冈山，在这里创建了第一个农村革命根据地，点燃了工农武装割据的星星之火。1928年4月底，朱德、陈毅率领南昌起义保留下来的部队和湘南起义农军，在宁冈砻市与毛泽东领导的工农革命军会师，组成了工农革命军第四军（后改称工农红军第四军），毛泽东任党代表兼军委书记，朱德任军长。同年12月，彭德怀、滕代远等率领由平江起义部队组成的红五军主力，与红四军在宁冈新城胜利会师，井冈山的革命力量进一步壮大。

井冈山革命根据地的发展壮大，使国民党当局惶恐起来，为了把革命根据地扼杀在摇篮里，他们在军事上对井冈山发动多次"会剿"和"进剿"，经济上对井冈山实行严密封锁，使井冈山革命根据地所需的衣物、弹药、柴米油盐都难以得到保障，物质生活十分艰苦。为了进行长期的革命斗争，毛泽东精打细算，领导井冈山军民度过了艰难的岁月。他与普通战士一样吃糙米饭、喝南瓜汤度日，穿破衣烂衫御寒，床上垫的是稻草，身上盖的是一条薄薄的线毯。

不仅如此,毛泽东还教育红军战士要节约粮油。因井冈山只出产少量茶油,大部分用油要靠下山打土豪获得。因此,毛泽东率部队刚上井冈山时,就制定了用油规定:"每连(直至营和团以上机关)办公时用一盏灯,可点三根灯芯。不办公时,即应将灯熄掉。连部要留一盏灯,供带班、查哨等用,但只准点一根灯芯。"从此,在井冈山上,全军都严格地执行这一规定。每当熄灯号响起,战士们就吹灭了油灯,只有连部的一盏油灯点燃着。按规定,毛泽东晚上办公时所用的油灯可以点三根灯芯,但他为了节省用油,一直坚持使用一根灯芯,经常在一盏昏暗的油灯下,通宵达旦地学习、写作。有一次,警卫员担心灯光太暗,毛泽东的眼睛会

茅坪八角楼内景

难受,便偷偷地给他添了两根灯芯。谁料,毛泽东发现后把那两根灯芯都给挑开了,并严肃地教育警卫员:"如今物资这么紧张,我们更要带头省吃俭用、精打细算,这样才能使有限的物资用的时间更长一些!"

夜已深,星如海。井冈山茅坪的八角楼在树林的掩映下,笼罩在一片静谧之中。寒冬来临,山里的气温越来越低。八角楼的窗前,亮起了一束灯光——那是一盏油灯发出的,光线如此微弱,却又如此明亮,充满了希望和力量。毛泽东披衣坐在灯前,时而蹙眉沉思,时而奋笔疾书。就是在八角楼昏暗的灯光下,毛泽东以如炬的远见卓识,深入思考中国社会面临的形势和中国革命的未来,撰写出了《中国的红色政权为什么能够存在?》《井冈山的斗争》这两篇文章,全面系统地总结了创建井冈山革命根据地的经验,分析了中国革命的性质和任务,明确提出了创建革命根据地的重要思想及其战略策略,指明了中国革命的前途,坚定了革命的必胜信心。这两篇文章是最早论述工农武装割据、"农村包围城市,武装夺取政权"理论的经典著作,是毛泽东运用马克思主义基本原理,结合中国革命实际,开辟中国革命新道路的重要开端。那如豆的灯火,在茫茫暗夜中照亮了井冈山,照亮了中国革命的胜利之路。

朱德的扁担

　　1928年,朱德同志带领队伍到井冈山,跟毛泽东同志带领的队伍会师了。红军在山上,山下不远处就是敌人。

　　红军要巩固井冈山根据地,粉碎敌人的围攻,需要储备足够的粮食。井冈山上生产的粮食不多,常常要抽出一些人到山下宁冈的茅坪去挑粮。从井冈山到茅坪,来回有五六十里,山高路陡,非常难走。可是每次挑粮,大家都争着去。

　　朱德同志也跟战士们一块儿去挑粮。他穿着草鞋,戴着斗笠,挑起粮食,跟大

本文作者朱良才,选作课文时有改动。

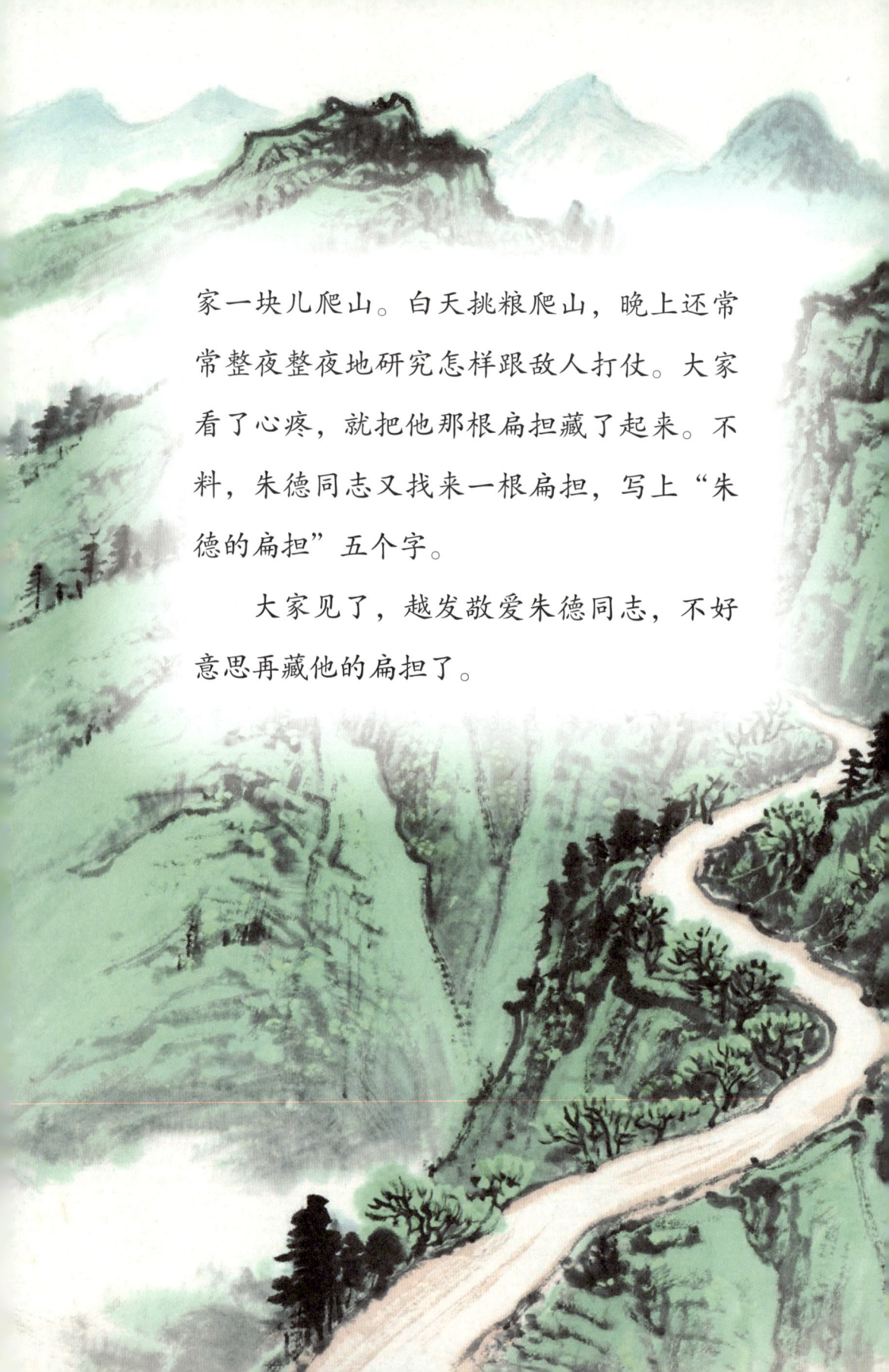

家一块儿爬山。白天挑粮爬山,晚上还常常整夜整夜地研究怎样跟敌人打仗。大家看了心疼,就把他那根扁担藏了起来。不料,朱德同志又找来一根扁担,写上"朱德的扁担"五个字。

　　大家见了,越发敬爱朱德同志,不好意思再藏他的扁担了。

06 朱德挑粮

（相关课文：人教社统编语文教材二年级上册）

井冈山革命根据地地处罗霄山脉中段，位于湘、赣两省交界处。四周崇山峻岭环绕，地势十分险要。1928年11月中旬，红军集结在宁冈新城、古城一带进行冬季训练。国民党将井冈山革命根据地视为眼中钉、肉中刺，千方百计想要铲除。他们在军事上的"会剿"失败后，又实行经济封锁，妄图把红军饿死、冻死、困死。为了解决眼前的吃饭和粮食储备问题,红四方面军司令部发起下山挑粮运动。挑粮的山路十分难走,但井冈山军民没有被困难吓退,运粮队伍不辞艰难,往返于这条洒满血汗的山路,书写了官兵患难与共的动人篇章。

朱德也常随着队伍去挑粮。这天,朱德像往日一样精神抖擞,穿着一身灰布军装,背着斗笠,扎着腰带,打着绑腿,穿着草鞋,带着大家下山去。来到茅坪,战士们有的用箩筐担粮,有的用布袋背粮,没有工具的战士索性脱下长裤,把裤口扎紧,把粮食装满两条裤腿,往肩上一搭。就这样,大家各司其职,穿行在井冈山的蜿蜒山径上。

那年,朱德已经40多岁了。许多和他同龄的人空手上下山都很吃力,但朱德的扁担两头每次都沉甸甸的:担子一头是行军时背米的三个白布米袋,另一头是一个用粗厚布缝的、北方人叫作"捎马子"的米袋,两头共计40斤,再加上他经常佩带的一支德造三号驳壳枪和一个装有约百发子弹的皮子弹袋,朱德身上负重足有四十六七斤。尽管如此,朱德走起路来依旧稳健利落,年轻力壮的小伙子也常被他甩得老远。

战士们打心底里敬佩朱军长,但又心疼他。他们一起来到朱德面前"抗议",劝他少挑些。朱德读懂了大家的心思,说:"同志们,今天我们来比赛,看谁最先赶到黄洋界大槲树那儿!"一听要比赛,战士们劲头就来了:"好啊!谁先到大槲树谁是英雄!"一个战士灵机一动说:"朱军长,比赛可以,但有个条件。"朱德问:"什么条件?"战士说:"您年纪大,不能挑那么多,分给我们一点。"朱德一听,爽朗地笑起来了:"那可不行!"说着,他挑起担子就走了,沿途留下了一阵笑声。

中午时分,队伍赶到黄洋界大槲树下休息。战士们又

黄洋界保卫战旧址

井冈山挑粮之路

议论开来了，七嘴八舌地说：朱军长劝也劝不住，讲也讲不通，怎么办？最后，大家叫一个战士把朱军长的扁担藏了起来。朱德没了扁担，心里很着急，只好让警卫员到老乡那儿买了一根碗口粗的毛竹，自己动手连夜做起了扁担。月光下，他破开竹子，熟练地削、刮、锯，一会儿就把半片竹子做成了一根扁担。为防止战士们再藏他的扁担，朱德还在扁担上写下了"朱德的扁担"几个大字。

第二天，挑粮的队伍又出发了。战士们看到朱军长大步流星地走在山路上，满脸是汗，军装湿透了，扁担被压得弯弯的，个个都感动不已。此后，井冈山上流传着一首脍炙人口的歌谣："朱德挑粮上坳，粮食绝对可靠；大家齐心协力，粉碎敌人'会剿'。"

2010年，"浩然正气满乾坤——中国廉政文物精华展"在全国范围内征集了370多件文物展出，其中就有这根"朱德的扁担"。如今，井冈山上红军挑粮的这条小道，已经成为全国各地党员和群众接受革命文化教育的"打卡地"。许多人来到井冈山，体验红军挑粮。哪怕大家只挑一些轻便的物品，只走一小段相对平坦的山路，都不禁惊呼"吃不消"，也更深刻地意识到革命的艰苦卓绝。有年轻游客感慨地说："挑粮小道上的挥汗如雨，胜过课堂上的千言万语，我对革命先烈坚韧如钢的意志和

朱德的扁担

品格有了更加切身的体会。"

　　朱德挑粮的故事,充分体现了官兵一体、领导带头、艰苦奋斗的革命传统,直到今天,依然鼓舞着党员干部践行克己奉公、清正廉洁的优良作风。

遗爱寺

白居易

弄石临溪坐,寻花绕寺行。

时时闻鸟语,处处是泉声。

07 鸟语泉声

(相关课文:长春版语文教材二年级上册)

白居易的《遗爱寺》:"弄石临溪坐,寻花绕寺行。时时闻鸟语,处处是泉声。"此诗创作于白居易谪居江州司马期间,描绘了他游览遗爱寺的情景。这首诗浅显易懂,极适合小学生阅读,且读起来津津有味。

你看,诗人在小溪边玩赏那些奇形怪状的溪石,微风吹来,花香扑鼻,沁人心脾。诗人四处张望却不知花在何处,他绕寺而行,一路上漫步寻花,山光水色的美好扑面而来。小鸟的鸣叫声十分动听,溪水汩汩流淌,声音不绝于耳。这一切,让诗人感到心旷神怡。诗人将石、溪、花、鸟、泉等多种自然景物有机地组合在一起,寥寥数笔便写出了山水悠远的意境。

遗爱寺在香炉峰下,白居易草堂的北面,现在已经被荒草湮没,只有一旁的桃花溪还在流淌。白居易在《庐山草堂记》中赞美庐山"匡庐奇秀,甲天下山",而庐山秀甲天下的美誉也延续了上千年。

庐山香炉峰

庐山牯岭镇

白居易写信告诉元稹:"仆去年秋始游庐山,到东西二林间香炉峰下,见云水泉石,胜绝第一,爱不能舍。"于是,白居易在这里建造了一座草堂。建造草堂的具体细节,他都记录在《庐山草堂记》中。草堂建好后,白居易时常前往居住。他甚至说:"不唯忘归,可以终老。"有这样的良辰美景相伴,可以在此度过一生。

元和十四年(819)三月,白居易离开九江。临行前他特地前去与草堂告别,把诗文书稿交付东林寺长老,并书就"山色泉声莫惆怅,三年官满却归来",认为自己终将归隐庐山,此去不过是暂别。长庆二年(822),白

庐山秀峰的崖壁石刻

白居易草堂匾额

居易出任杭州刺史,赴任途中特意绕到九江草堂留宿一晚,感叹"五年方暂至,一宿又须回"。若干年后,白居易仍对九江念念不忘,梦想重游,写下:"三十年前草堂主,而今虽在鬓如丝。登山寻水应无力,不似江州司马时。"

九江见证了白居易为官生涯的低谷,实为他后期受用不竭的"聚宝盆"。白居易一生留下3000多篇诗文,与九江相关的有370多篇。贬谪九江的日子,让白居易的政治观、人生观、文学观都发生了很大的变化。以被贬为江州司马为界,前期他胸怀"兼济天下"的宏愿,后期渐渐转向独善其身。

晓出净慈寺送林子方

杨万里

毕竟西湖六月中,风光不与四时同。
接天莲叶无穷碧,映日荷花别样红。

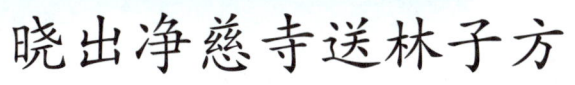

08 映日荷花别样红

（相关课文：人教社统编语文教材二年级下册）

　　淳熙十四年（1187），林子方举进士后，担任直阁秘书，将赴福州任职，好友杨万里一大早就前来送行。林子方年轻有为，想必定能在福州干出一番事业。从杭州西湖附近的净慈寺送别林子方，经过西湖边时，莲叶田田、荷花粉嫩，杨万里触景生情，感慨万千，不禁创作经典七言绝句："毕竟西湖六月中，风光不与四时同。接天莲叶无穷碧，映日荷花别样红。"诗中通过对西湖美景的赞美，含蓄地表达了诗人对友人林子方的不舍

吉水燕坊古村

和祝福。

  靖康二年（1127），杨万里出生于吉州吉水（今江西吉水）。他自幼聪颖好学，绍兴二十四年（1154）便进士及第，步入仕途。其父杨芾是一位教书先生，对于儿子的教育倾尽全力。除了亲自启蒙，杨芾还经常带着杨万里游历四方，尽览江南的各色风光。在游历的过程中他们敲开了一扇扇有识之士的门，其中当朝宰相张浚与杨万里的故事就颇值得一提。

张浚是南宋著名的抗战派领袖、北宋著名理学家程颐的再传弟子,他力主抗金,一生为国家和民族作出了巨大贡献。张浚谪居永州,杨万里三次前往拜会而不得见,之后他写书信《上张丞相书》请求拜访,并通过其子张栻介绍,才得张浚接见。在信中,杨万里将张浚被贬永州比喻为孔子受困于匡。当年圣人周游列国路过匡地,被当地人以为是欺压过他们的阳虎围困了起来——孔子和阳虎是死对头,搞笑的是两人的外貌却很像。后来孔子不得不派人求助卫国才突出重围。这个高妙的比喻让张浚对杨万里青睐有加,并授之以"正心诚意"之学。杨万里终身服膺张浚的教导,他把读书之室命名为"诚斋",用来明确自己的志向。

就在与张浚亦师亦友的交往间,杨万里深切地感受了官员的升迁贬谪的不易。绍兴三十一年(1161)二月,张浚官复原职,杨万里写贺词表达自己的敬意。隆兴元年(1163)十二月,张浚再次拜相,杨万里真心为张浚高兴,也为自己能得到张浚的认可而自豪。张浚任宰相后,回忆起与杨万里的交往,认为他的才华可当大任,推荐他担任临安府教授。

乾道六年(1170)三月,杨万里担任隆兴府奉新(今江西奉新)知县。他刚上任时,恰逢大旱,百姓生活十

奉新百丈山景区

分困苦。牢中关满了交不起租税的老百姓,而官府的粮仓也空空如也。这一"满"一"空"的状态,对他触动极大。杨万里经过周密调查,才知这是恶吏从中盘剥所致。于是他下令放出牢里所有"囚犯",禁止逮捕、鞭打百姓,然后发给每户一张减免税额、放宽期限的通知单,同时严禁恶吏坑害百姓。百姓十分感恩,纷纷主动纳税,仅一个月,便将欠税全部交清。当他看到百姓们来缴纳赋税的时候,他自知重任在肩,他愿意让奉新的父老乡亲们安居乐业。

杨万里在奉新任职虽短,但他始终坚持自己的政治操守和道德标准,雷厉风行革除赋税积弊,推行"簿责"之法简化征收流程,百姓不再受苛吏盘剥,奉新从此焕发生机。

问刘十九

白居易

绿蚁新醅酒,红泥小火炉。
晚来天欲雪,能饮一杯无?

09 围炉暖酒

（相关课文：小学二年级课外诵读材料）

在诗人心中，朋友和酒都是珍贵所在。对朋友不要吝啬，对酒也不要吝惜。

白居易很重视朋友，比如元稹。白居易与元稹都是少年得志。白居易28岁就考中进士，自称"十七人中最少年"，同年登第的人中他是最年轻的。而元稹在14岁时就考中了明经，年少有为。在唐代，仅仅考中明经或进士是不能授官的，还要通过吏部的铨试才能正式入仕，铨试决定成败。元、白二人都在长安孜孜不

九江浔阳楼

倦地备考,于贞元十八年(802)同时取得官职,被正式任命为秘书省校书郎。元、白二人志同道合,是生活中的挚友,更是文学和政治上的知己。

此后,他们一同吟咏风雅、走马行猎,醉饮于长安酒肆,三十年间唱和不断,在宦海浮沉中相互扶持,共同抨击权贵豪强,共倡新乐府运动,结下了一段千古传

九江烟水亭

颂的友谊。

在白居易看来,文学家应该忧心天下,时刻关心时事,关注社会,文坛不能只有风花雪月,而没有民生疾苦。在贬谪九江的三年间,白居易在写给元稹的那篇《与元九书》中对新乐府运动作了总结,喊出了震古烁今的"文章合为时而著,歌诗合为事而作"。

朋友是打开诗人心结的一把钥匙,酒也是。

"绿蚁新醅酒,红泥小火炉。晚来天欲雪,能饮一杯无?"

刘十九是白居易在九江时的朋友,《问刘十九》全诗

永修龙源峡

寥寥20个字，没有深远寄托，没有华丽辞藻，字里行间却洋溢着热烈欢快的氛围和真挚炽热的情谊。米酒甘甜可口，红泥小巧的火炉朴素温馨，炉火正旺时，诗人和朋友围炉而坐，火光照亮了暮色中的屋子，照亮了浮着绿色泡沫的美酒。在那样一个风寒雪飞的冬天里，邀请老朋友来饮酒叙旧，更体现出诗人与朋友之间浓浓的情谊。寒冬腊月，暮色苍茫，风雪大作，家酒新熟，炉火已生，只待朋友早点到来。寥寥数个意象连缀起来，构成了一幅有声有色、有形有态、有情有义的图画，其间流溢出友情的融融暖意和人性的阵阵芳香。

　　白居易的很多诗作，纯用口语、明白如话，却字字千钧，读来就像陈年封缸酒，每一口都治浸着醇厚韵味。

大林寺桃花

白居易

人间四月芳菲尽,
山寺桃花始盛开。
长恨春归无觅处,
不知转入此中来。

10 山寺桃花开

（相关课文：人教社统编语文教材三年级下册）

如果让你选一首诗来鼓励自己，你会选哪一首？

如果是我，我会选白居易的《大林寺桃花》，一首我们小学就学过，但是长大后才懂的诗。只有经历过焦虑和挫败折磨之后，你才会明白这首诗真正的内涵。

"人间四月芳菲尽，山寺桃花始盛开。长恨春归无觅处，不知转入此中来。"这首诗写于白居易被贬为江州司马后的元和十二年（817），这一年他45岁，他曾抱怨"浔阳地

山寺桃花开　　59

庐山花径亭

僻无音乐",被贬江州的遭遇让他痛苦不堪。

白居易最初因为宰相武元衡被刺而上书,却遭"越权"弹劾,随后又被构陷他的母亲因为看花坠井而亡,但他却写《赏花》和《新井》,有违名教。一个莫须有的罪名毁掉了他的仕途,人到中年,前方等着他的一切都难以预料。

元和十二年(817)春夏之交,白居易登香炉峰,宿大林寺,看到山寺桃花,他忽然明白了点什么,于是写下了这首诗。

四月山中桃花才盛放。转念一想,其实在百花缭乱

庐山东林寺

庐山如琴湖

的三月,游人如织,欣赏春光,而山寺桃花却含苞静默,无人光顾。

同样是花,为什么有的会领先一步?落后的那个,心中不免会焦虑、慌张、自疑,会揣度想自己是否真的不行。其实接下来的事情谁也不能预测。

白居易字乐天,乐天知命,他做到了吗?此时的他或许并没有完全做到,但他已经能够放平心态。这里是九江,一方宝地,云冠高耸,江湖如斯,山寺的桃花次第开放。

在此之后,白居易选择像山寺桃花一样,坚定地自我期许:花会再开,人生亦有新程!后来的历史印证了他的这份信念,他不仅留下了诸多传世的诗篇,且官至正二品,还活到古稀之年。

1961年,庐山兴建如琴湖,大林寺主体建筑被拆除,淹没于湖中,从此不复存在。如今,桃花深处已难觅大林寺的梵音,但白居易咏诗的花径还在,那首传诵千古的《大林寺桃花》也在继续流传。

"八一"的枪声

一九二七年七月三十日下午,在南昌的营长以上的干部会议上,叶挺师长传达了党的武装起义的决定。他命令第二天晚上占领南昌城,彻底消灭南昌的反革命军队。

当时我是第七十二团第三营营长,听了叶师长的报告,立即满怀信心地组织战斗。

第二天早晨,我化了装进城,到东门附近一个营房里去会朋友。那里就是当天晚上我们这一营进攻的目标。我仔细调查了敌情和地形,发现敌人比我们原来估计的要多得多。要歼灭两倍于我们的敌人,干得了吗?但是我想,我们是为人民打仗的,而且有充分的准备,出其不意,攻其不备,一定能歼

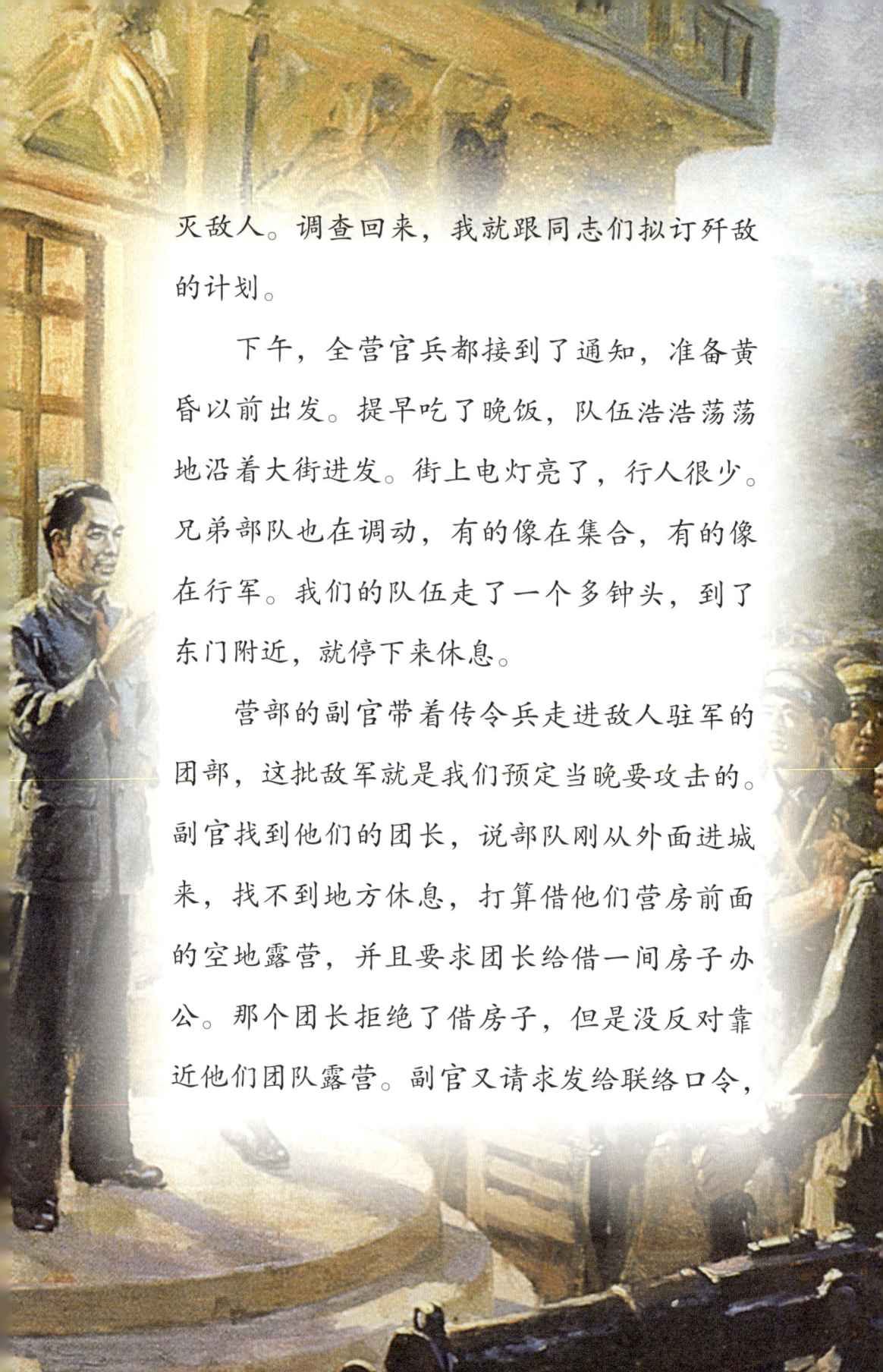

灭敌人。调查回来,我就跟同志们拟订歼敌的计划。

下午,全营官兵都接到了通知,准备黄昏以前出发。提早吃了晚饭,队伍浩浩荡荡地沿着大街进发。街上电灯亮了,行人很少。兄弟部队也在调动,有的像在集合,有的像在行军。我们的队伍走了一个多钟头,到了东门附近,就停下来休息。

营部的副官带着传令兵走进敌人驻军的团部,这批敌军就是我们预定当晚要攻击的。副官找到他们的团长,说部队刚从外面进城来,找不到地方休息,打算借他们营房前面的空地露营,并且要求团长给借一间房子办公。那个团长拒绝了借房子,但是没反对靠近他们团队露营。副官又请求发给联络口令,团长答应了。有了口令，我们就可以毫无阻挡地进出敌人的营房了。

部队下达了露营的命令。露营之前，连长们利用短促的时间详细地勘察地形，有的还到敌人的营房里看了看。各连选定的位置，在即将发动的战斗中，都是冲锋出发地。

两个敌对的部队，一个在营房里，一个在营房外，相隔数十米，最远也不过一百米。这时候双方都在睡觉，一会儿就要互相肉搏了。

但是敌人并没有完全麻痹。他们派出一队一队的巡逻武装，不断地在营房外面巡查。他们看到的只是一排排的枪架，一个个士兵躺在枪架下，背包打开了，人都睡熟了，好像告诉他们这里是不会发生什么事情的。

夜深了，我们部队的活动开始了。连长、

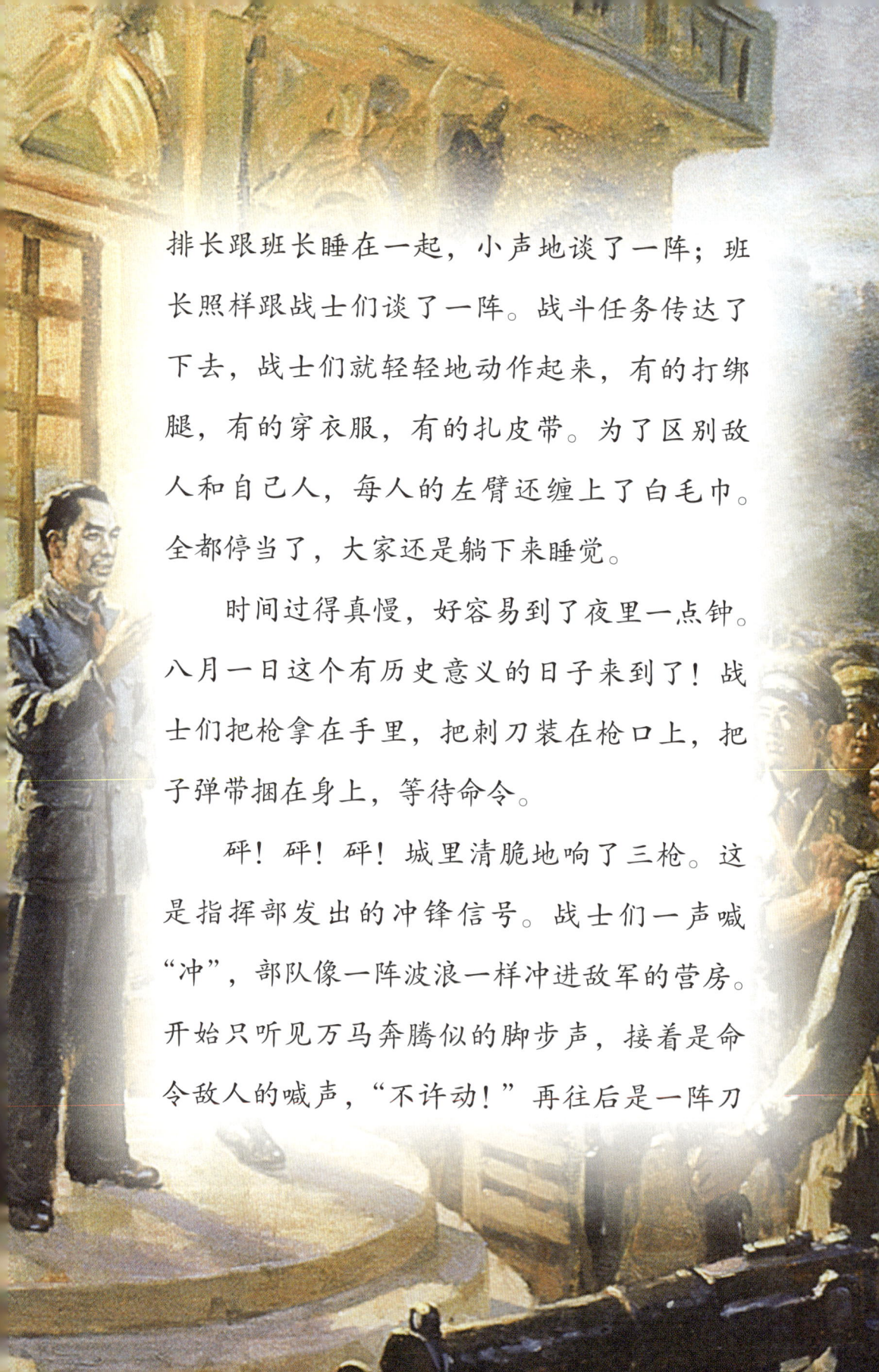

排长跟班长睡在一起，小声地谈了一阵；班长照样跟战士们谈了一阵。战斗任务传达了下去，战士们就轻轻地动作起来，有的打绑腿，有的穿衣服，有的扎皮带。为了区别敌人和自己人，每人的左臂还缠上了白毛巾。全都停当了，大家还是躺下来睡觉。

时间过得真慢，好容易到了夜里一点钟。八月一日这个有历史意义的日子来到了！战士们把枪拿在手里，把刺刀装在枪口上，把子弹带捆在身上，等待命令。

砰！砰！砰！城里清脆地响了三枪。这是指挥部发出的冲锋信号。战士们一声喊"冲"，部队像一阵波浪一样冲进敌军的营房。开始只听见万马奔腾似的脚步声，接着是命令敌人的喊声，"不许动！"再往后是一阵刀

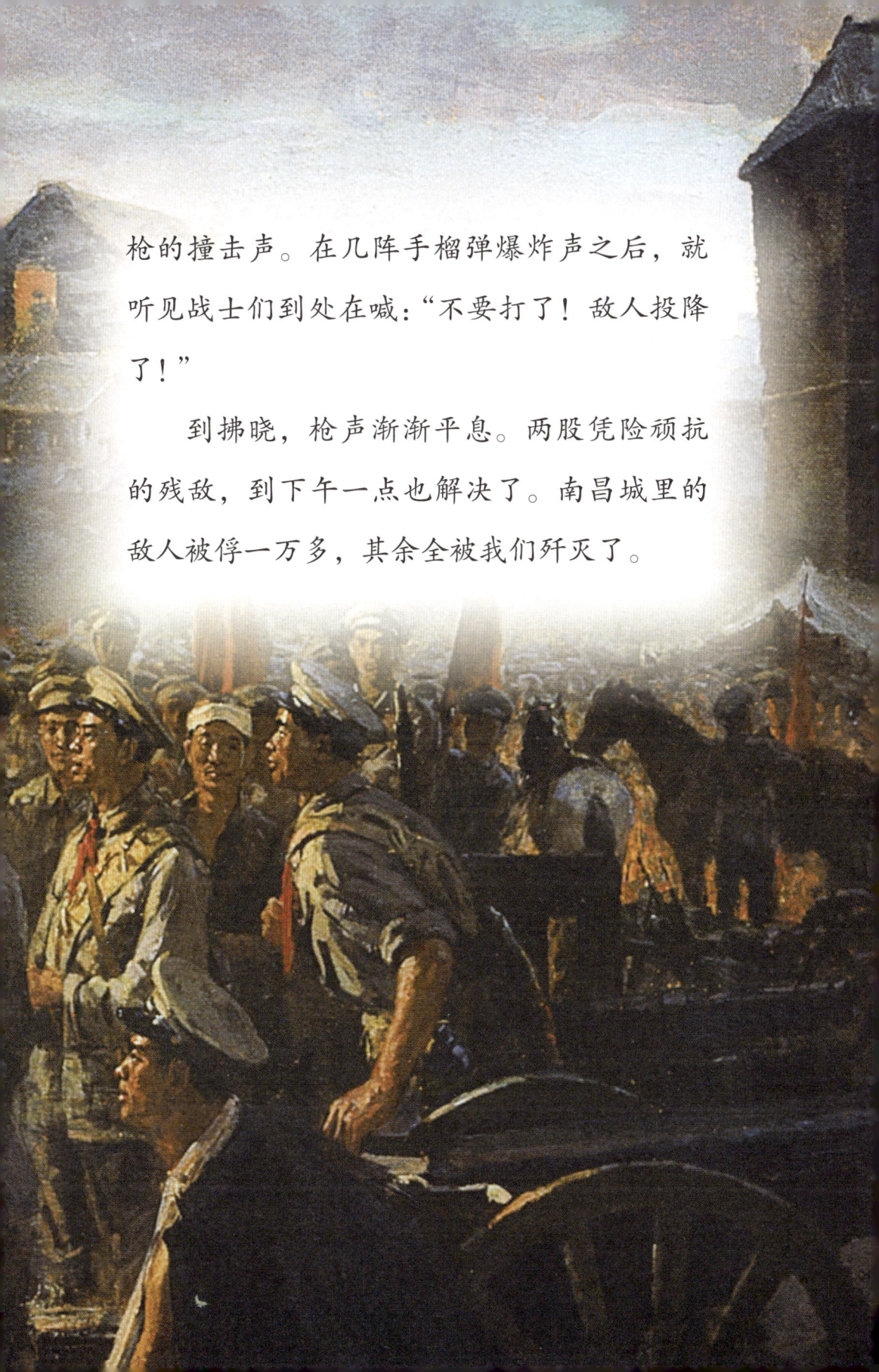

枪的撞击声。在几阵手榴弹爆炸声之后,就听见战士们到处在喊:"不要打了!敌人投降了!"

到拂晓,枪声渐渐平息。两股凭险顽抗的残敌,到下午一点也解决了。南昌城里的敌人被俘一万多,其余全被我们歼灭了。

11 打响第一枪

（相关课文：1961年人教版小学语文教材第六册）

历史的重要转折点，从不缺少英雄的身影，中国革命的征程中亦是如此。1927年8月1日，一个看似平常的日子，却记载着英雄城英雄们的壮举。八一南昌起义，既展现了英雄内在的精神品格，也彰显了中国革命者的胆识和魄力。

《"八一"的枪声》以亲历者的身份和口吻，从第一人称的角度，讲述了作者在南昌起义中的经历。文章笔调细腻，情节真实跌宕。

1927年7月下旬，周恩来、贺龙、叶挺、

南昌八一起义纪念馆雕塑

朱德和刘伯承等人先后来到南昌。大家经过反复商议,将起义时间定在8月1日凌晨4点。7月27日,周恩来在江西大旅社宴会厅召开前敌委员会会议上说:"我们这次起义是敌人逼出来的,不如此便没有出路。起义只能成功,不能失败。成功的关键在于团结一心,众志成城,在于有周密的准备,出敌不意,攻其不备,一举歼灭南昌的敌人。"

7月30日,正当起义将要进入行动阶段时,张国焘

南昌八一起义纪念馆

以"中央代表"的身份从九江到达南昌,前委立即召开紧急会议。张国焘在会上称:"中央意见宜慎重,国际电报如有成功把握,可举行暴动,否则不可动……所以目前形势,应极力拉拢张发奎,得到张的同意,否则不可动。"周恩来等人坚决反对,认为暴动不能推迟,更不能停止。

7月31日晚,朱德赶到起义总指挥部,带来了一条十万火急的消息:"起义的消息已经泄露。"原来,朱德借宴请之名,利用和滇军军官的旧谊,把第三军第二十三团团长卢泽明、第二十四团团长肖胡子和一个副团长,请到

南昌新四军军部旧址

八一南昌起义纪念塔

离他们的驻地较远的大戏院街口的饭馆吃饭。宴会从晚上6点持续到9点。宴会结束后,朱德又请他们在院子里打麻将,卢泽明笑称这是"送银子"。

晚上10点30分左右,一名年轻的滇军军官神色慌张地跑进院子,报告接到解除滇军武装的命令,由于不知如何处理前来请示。众人面面相觑,麻将声停了下来。朱德的心里也盘算开来,却仍面色从容,称混乱时期谣言多,不必理会,招呼大家继续玩麻将。

大家没接话茬,银子已经没有了吸引力。肖胡子拱手:"回去看看,万一不是谣言,会出问题。"朱德见状,知道再留说不过去,于是便轻描淡写地说道:"事不宜迟,大家回去看看情况,没事再来继续。"肖胡子看朱德真心待客,临走时神秘地告知他当晚恐怕会有暴动。朱德佯装诧异,叮嘱大家一路当心。客人走后,朱德火速向起义总指挥部奔去。总指挥部收到朱德送来的紧急情报,决定将起义时间由8月1日凌晨4时提前到凌晨2时。

8月1日凌晨2时,南昌起义爆发,起义军各部按照预定的部署向敌人发起进攻。因第二十军一名副营长叛变通敌,敌军戒备森严,两军发生了激烈的巷战。至清晨6时,起义军占领了南昌城,歼敌3000余人,缴获了大量枪支弹药。

江西革命烈士纪念堂

八一起义虽已远去,但那枪声依旧震耳欲聋。它是中国共产党武装斗争的伟大开篇,在黑暗中点亮了革命的火炬。我们要铭记先辈的热血与牺牲,不忘初心,继续在民族复兴的征途上奋勇前行。

庐山的云雾

景色秀丽的庐山，有高峰，有幽谷，有瀑布！有溪流，那变幻无常的云雾，更给它增添了几分神秘的色彩。在山上游览，似乎随手就能摸到飘来的云雾。漫步山道，常常会有一种腾云驾雾、飘飘欲仙的感觉。

庐山的云雾千姿百态。那些笼罩在山头的云雾，就像是戴在山顶上的白色绒帽；那些缠绕在半山的云雾，又像是系在山腰间的一条条玉带。云雾弥漫山谷，它是茫茫的大海；云雾遮挡山峰，它又是巨大的天幕。

本文为教材编写组编创。

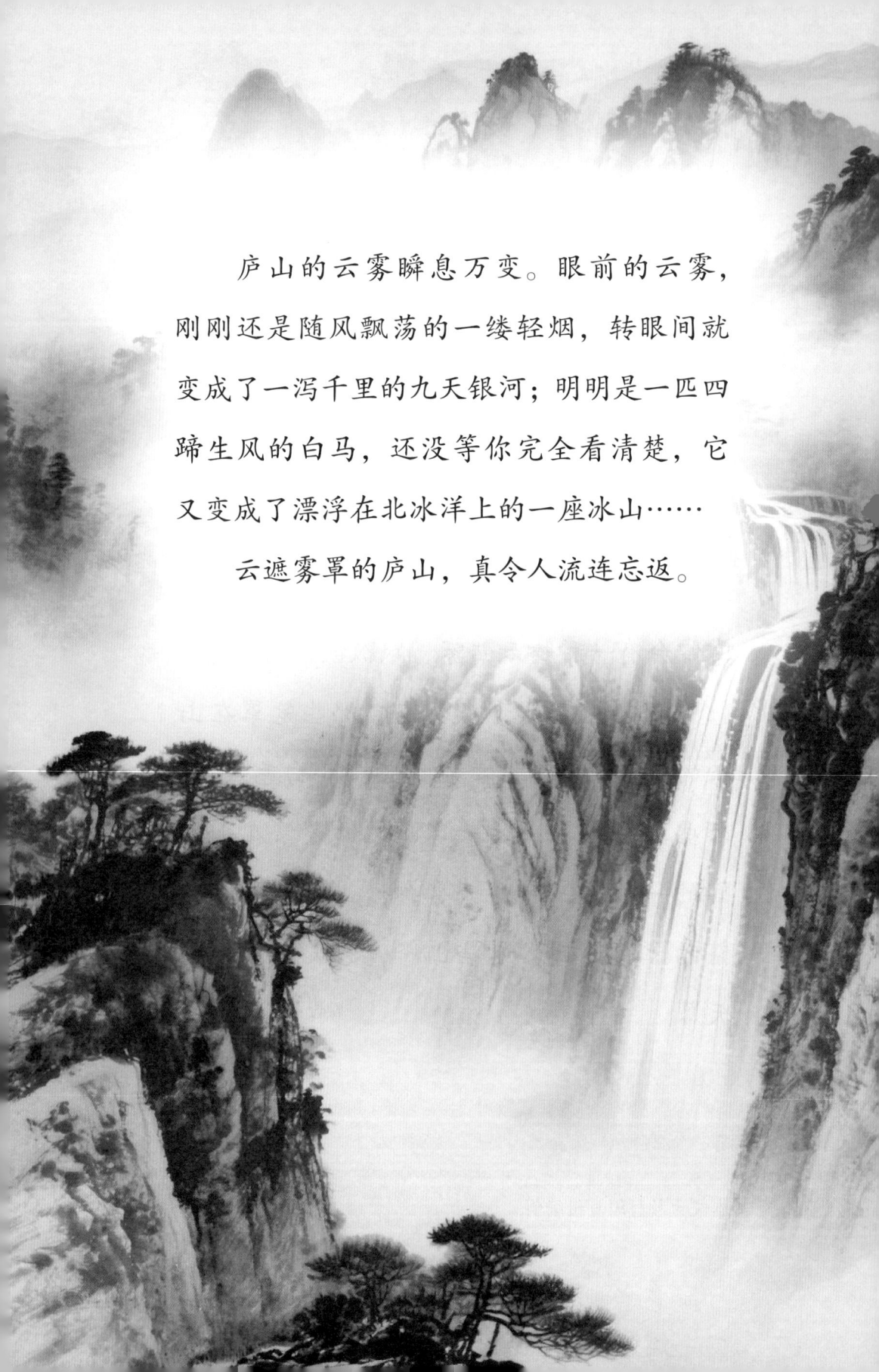

庐山的云雾瞬息万变。眼前的云雾，刚刚还是随风飘荡的一缕轻烟，转眼间就变成了一泻千里的九天银河；明明是一匹四蹄生风的白马，还没等你完全看清楚，它又变成了漂浮在北冰洋上的一座冰山……

云遮雾罩的庐山，真令人流连忘返。

12 庐山云雾的缥缈与灵动

（相关课文：苏教版语文教材三年级下册）

"黄云万里动风色，白波九道流雪山。"当目光望向庐山，那云雾升腾的奇妙景致，正应和着这般雄浑诗意。

唐代诗人钱珝在他的《江行无题一百首》第六十九首中写道："咫尺愁风雨，匡庐不可登。只疑云雾窟，犹有六朝僧。"庐山被赞为"苍润高逸，秀出东南"的"人文圣山"，是一座气象景观名山。庐山东偎鄱阳湖，北临长江，丰沛的水汽让其一年中有将近两百天云雾缭绕，因此也被称作"云雾窟"。

庐山五老峰云海

庐山位于亚热带季风湿润气候区，年平均相对湿度达78%，四月至九月甚至能超过81%。气流在这里和山地默契配合，生成的水汽凝结在一起，不易扩散，便成了云、雾。根据气象观测记录，庐山一年的雾日最多达223天，最少的也有158天。每年五月至九月，是庐山云海、云瀑景观出现的集中期，雨后转晴时的观赏效果最佳。云雾缭绕，处在云中的游客看到的是雾，云外的游客看到的是成片的云海，低处看是雾，高处看是云，变化莫测。云雾是大气中的一种重要气象，也是气象学家关注的重点。早在20世纪50年代，科研人员便在庐山建立了云雾观测试验基地，开展人工增雨试验。科研人员还在庐山探索消雾技术，相关研究成果已在国内很多机场、港口应用。可以说，庐山是我国人工影响天气工作的发源地之一，也是培养相关科技工作者的摇篮。资料显示，1960年至1980年，庐山云雾试验站进行了云雾试验与观测，开创了我国高山云雾物理观测与试验研究的先河，积累了大量的关于云、雨、冰晶、雨滴谱等的第一手观测资料。同时，也培养了我国一大批具有创新精神的人工影响天气的科技人才。

云海，是庐山的一大奇观，特别是冬天的云海，比其他季节更显奇绝壮观。在观云亭看云，只见山峰叠峙，

危崖突兀，幽壑纵横。气流于山峦间穿行，上升下沉，环流活跃。漫天的云雾随风飘移，时而上升，时而下坠，时而回旋，时而舒展，构成了一幅奇特的、千变万化的云海大观。风平浪静之时，白云茫茫，一铺万顷。无数的山峰被白云淹没，只剩下几个峰尖，像是大海中的岛屿。转瞬之间，波起峰涌，浪花飞溅，惊涛拍岸。动静结合中，造化出变幻莫测、气象万千的人间仙境。难怪清代著名学者舒白香游庐山后，被山间变幻莫测的云雾深深吸引，在山上待了三个多月仍未尽兴。他在《天池赋》中这样记述云海奇观："岩下白云，纷纷徐起，皎若凝脂，皓如堆絮，宝日映之，晶莹化水。"

我以为，云雾是庐山的婚纱，有了这层衣裳，庐山可以时时做新娘。

庐山瀑布云

题西林壁

苏轼

横看成岭侧成峰，

远近高低各不同。

不识庐山真面目，

只缘身在此山中。

13 不识庐山真面目

（相关课文：人教社统编语文教材四年级上册）

苏轼四过庐山，在这里写下40余首诗歌，其中著名的是这一首："横看成岭侧成峰，远近高低各不同。不识庐山真面目，只缘身在此山中。"

那么，庐山到底是什么样子的呢？

比如，春天的庐山，山石光润，草木葱茏，整座山云雾缭绕，好像披上了一层神秘的面纱。

我们不懂庐山，这是必然的。庐山雄奇险秀，处处有差异，季季景不同。一千个游

庐山石门涧

人眼中有一千座庐山，为什么呢？显然是因为观察的角度不同。这个道理似乎很简单，其实不然。苏轼身处庐山之中，四周层峦叠嶂，已辨别不出此刻究竟身在何处。四周的山峦变幻莫测，不同的方向呈现不同的景色。造物者这无尽的艺术构思，可谓波澜迭起，气韵迭起。而人看自己，就如看庐山一样，难以看清真面目，因为人最难认识的就是自己。人们往往容易看到自己的长处，而难以认识到自己的短处，这正是问题的源头。每一个人，只有站在新的高度来观世界、看自身，才能看到真实的世界、真实的自己。

元丰七年（1084），苏轼来到庐山。晨光映射下的庐山，云蒸霞蔚，奇峰异石犹如披上了绚丽的外衣。幽静翠绿的山间小道也沐浴着晨光，凉爽的山风划过树梢，清晨的阳光从绿叶交错的缝隙中洒落，在长满青苔的石板路上留下一个个斑驳的光点。

如此胜境，堪称造物者的名篇杰作，绝非人类的语言所能描述。因此，入庐山之前，苏轼便与朋友约定：此次登临庐山，纯属游赏，放松心情，不作诗。奇妙的是，不知为何，苏轼到来的消息早已传开，所到之处，山中僧侣纷纷奔走相告，跑来一睹这位文章盖世的大才子。苏轼最后只得在庐山西林寺墙壁上题诗一首，没想到，这首诗成为描写庐山诗歌的"巅峰之作"。千年之后，这首诗依然焕发着哲理的光芒，涌动着旺盛的生命力。

面对庐山的云遮雾绕、烟雨迷离，苏轼并未只沉浸于对美景的赏玩感叹，而是清醒地观察、理智地思索，

庐山西林塔

透过庐山迷雾的表象看透它真实的本质。

这就是苏轼,让人们崇敬、爱戴、仰慕、钦佩、尊重,以及喜欢。他多才多艺,一人千面,在不同时代、不同阶层人的眼中,他有着不同的面貌和称呼。他写的诗歌最大的特点就是充满哲理。据说,他生前写的最后一首诗,是给小儿子苏过的,无题,只有四句话:"庐山烟雨浙江潮,未到千般恨不消。到得还来别无事,庐山烟雨浙江潮。"

清平乐·村居

辛弃疾

茅檐低小,溪上青青草。醉里吴音相媚好,白发谁家翁媪? 大儿锄豆溪东,中儿正织鸡笼。最喜小儿亡赖,溪头卧剥莲蓬。

14 村居童趣

（相关课文：人教社统编语文教材四年级下册）

《清平乐·村居》描绘了茅檐、小溪、青草等乡村景象。词中这户人家的大儿子在小溪边锄豆，二儿子正在编织鸡笼，顽皮的小儿子则剥着刚摘下的莲蓬，不时丢进嘴里，还发出清脆的咀嚼声，得意之情自不待言。在微醺中，辛弃疾听着耳边老头和老太婉转的吴侬软语，不禁感慨道：如不细究一切，村居生活确实悠闲美妙至极！

这是一幅典型的江南村居图，词中刻画了一个五口之家的生活场景，其人物形

村居童趣　　89

赣州八境台

宜春铜鼓天柱峰

象纯真自然,充满了生活气息。结合辛弃疾的一生,他渴望收复失地,却壮志难酬。这首词也隐含了作者想要归隐田园的心境。

辛弃疾(1140—1207),南宋豪放派词人,字幼安,号稼轩。出生于历城(今山东济南)书香世家的辛弃疾幼年学儒,饱读诗书。他生活在南宋时期,当时国家面临着金国的威胁和侵略,社会动荡不安。辛弃疾自幼立志报国,一生都致力于抗金复国的事业。

辛弃疾生命中近一半的时间都在江西度过,足迹辗转于赣州、南昌、上饶之间。1180年，辛弃疾在南昌为官时，他就想在上饶修建园林式的庄园，用来安置家人。辛弃疾一生育有九子二女，他的铁汉深情不止倾注于家国之情，还体现在对儿女及其家人的柔情上。《清平乐·村居》中的"小儿"极有可能是他的第八子铁柱。铁柱年幼体弱，常常生病，辛弃疾格外疼爱他。在闲居带湖期间，铁柱又生病了，且没有好转的迹象。辛弃疾着急之际只有写词为儿子祈福。

淳熙八年（1181），辛弃疾遭弹劾被免职，开始了长达20余年的闲居生活。淳熙九年（1182），辛弃疾开始闲居上饶带湖，带湖和铅山县的瓢泉成为他生命中重要的两处住所。辛弃疾根据四周的地形地势，亲自设计了"高处建舍，低处辟田"的庄园格局。

淳熙十三年（1186），辛弃疾到鹅湖山一带觅泉，来到桐木江岸的奇师村，发现村旁的瓜山山麓有一口"周氏泉"。因泉形状似瓢，辛弃疾取孔子"一箪食，一瓢饮，在陋巷，人不堪其忧，回也不改其乐，贤哉回也"的含义，将其命名为瓢泉。瓢泉边立了一块石碑，上书"瓢泉"二字，碑上还镌刻着辛弃疾所作《洞仙歌》，记载了他寻得瓢泉的经过。

在瓢泉，辛弃疾迎来了他的创作高峰。辛弃疾存世

铅山县瓢泉

的词中,有近三分之一是在瓢泉时所作。他写山水景物,"疏蝉响涩林逾静,冷蝶飞轻菊半开";写家人相伴,"最喜小儿亡赖,溪头卧剥莲蓬";写田园生活,"夜雨醉瓜庐,春水行秧马"。在这片安宁的土地上,在恬淡的田园生活中,词人与自然同行,与风月同醉,书写下大量不朽的词作……

一张珍贵的照片

佚名

庐山脚下的一个村子里，有户姓周的人家。他们家堂屋里挂着一张照片，是周总理和一个小姑娘的合影。这个小姑娘就是他们家的桂花。

这张珍贵的照片是1961年拍的。桂花记得很清楚，那一天是9月17日，小桂花刚舂完米，坐在门口歇息。这时候，公路上开过来几辆小汽车，在她家门口停住了，走出来好几位干部。小桂花见了生人，连忙站起来想避进屋里去，却被一位干部叫住了。那位干部问她："小姑娘，你认得观音桥吗？给我们带个路好不好？"小桂花回答说："好。"这时一位六十来岁的老干部走过来拉着她的手，跟着她向观音桥走去。

小桂花抬头一看，这位老干部好像在哪里见过似的，花白的头发，浓黑的眉毛，慈祥的眼睛，亲切的笑容。正好有一位干部走过来，叫了一声："周总理……"小桂花一听，甭提多高兴了。她望着总理，心在怦怦地跳。总理微微弯下腰，温和地问她姓什么，叫什么，几岁了。小桂花都一一做了回答。总理又问："读书了吗？"小桂花说："读过两年。"总理又问："现在在家里干什么？"小桂花说："放牛。"提到放牛，总理提高嗓门说："啊，放黄牛还是放水牛？要是放水牛，那你可以骑在牛背上罗！"说完，大声笑开了。

　　小桂花没想到总理也懂得放牛。她看周总理笑得那么高兴，心里也不紧张了，大胆地回答说:"我放的黄牛,骑不得,会摔下来的。"周总理又爽朗地笑了。

小桂花把周总理他们领到了观音桥,正想回家,可是总理还是紧紧拉着她的手,说:"来,咱们照张相。"这一下可把小桂花乐坏了。十三岁了,她还是第一次照相哩,而且是和周总理照相啊!

照完相,周总理拿了块湿毛巾,把小桂花那双沾了泥巴的小手擦得干干净净,再递给她一个又大又红的苹果。小桂花偎依在总理的身边,大口大口地咬着又香又甜的苹果。她觉得自己是世界上最快活最幸福的人。

从观音桥回来,周总理还是拉着小桂花的手,一定要到小桂花家里去看看。一进门，总理对小桂花的爹说："老同志，你的小姑娘给我们带路，耽误了她吃饭，很对不起。这点糖果和饼干，就送给她吃吧。"

小桂花的爹正要谦让，小桂花说："爹，这是周总理啊！"

"啊，丫头，你怎么不早说？"小桂花的爹连忙让座，用袖子把一条长凳抹了又抹。

总理拉着小桂花的爹一起坐在长凳上，笑着对他说："你也姓周吧，那我是到了家里了！"

不知什么时候，屋子里已经挤满了老乡们，大家都乐呵呵地望着周总理。周总理关心地问大家可吃得饱。大家有点迟疑，怕说错了。总理说:"不要紧,都是自家人。你们不说我也知道,现在是困难时期。"

小桂花的爹低着头,轻轻地说:"不瞒总理说,这两年不比前些年,饱是不太饱。这么大的国家,当家可不容易,总有个饥饱的啊!"

周总理认真地听着,不住地点头。过了一会儿,他站起来沉着有力地说:"这一两年我们受了灾,又有人卡我们的脖子,日子过得是困难。只要我们跟着毛主席,艰苦奋斗,自力更生,光景会一天天好起来的。大家要加劲干,多打粮食,多养猪,多养鸡养鸭子,依靠集体,战胜困难!"

总理的话,给了大家很大的鼓舞,满屋子的人都议论起来。小桂花她爹说:"总理您放心,我们一定好好干,加劲干!"

　　周总理起身要走了,小桂花全家一定要总理吃了饭再走。总理摆摆手说:"今天不吃了,等你们大家的日子过得红火了,我再来你们这儿做客。"

15 手捧照片思亲人

（相关课文：1982年人教版小学语文教材第九册）

1977年1月12日，《江西日报》一版头条大篇幅刊登了记者代笔的周桂花怀念周总理的文章——《手捧照片思亲人，无限怀念周总理》，文章的左边配了一张周桂花依偎在周总理身边的照片。随后，这篇文章被改编为《一张珍贵的照片》，编入20世纪80年代人教版小学语文课本。

这篇课文讲述的故事令人感动，记录了1961年周总理在庐山参加庐山工作会议结束后，走访观音桥时与放牛娃周桂花合

庐山观音桥

影的故事。周总理走访的这座观音桥位于庐山栖贤谷内，是中国最古老的石拱桥之一，被誉为"南国桥梁建筑上的一颗明珠"。该桥是一座单孔石拱桥，岩石间不用灰浆，而以子母榫凹凸相接构成，极为坚固。千百年来任凭桥下"银河倾泻，起蛰千雷"，桥身仍安然无恙、岿然不动。

观音桥景区内依山筑有一石质小阁，阁额上镌刻"天下第六泉"（又名招隐泉）。阁内有泉水自基岩裂隙中流出，色清味甘，长流不竭，是优质的饮用泉水。相传，唐代"茶圣"陆羽为了评定天下名泉，曾于唐代上元年间，不辞劳苦来到庐山。他走入桥边的一座亭子中，听到有珠落玉盘的泉水之声，原来亭旁有一泉水。陆羽走过去，酌满泉水，呷上一口，原只想解解口渴，却习惯性地品尝起来：该泉水清冽中孕育着香甜，甘爽中潜藏着清凉。此后，陆羽常到这里仰观山色浮云，俯视招隐清泉，取泉水于亭中烹煮，泡云雾茶。后来，他将招隐泉评定为"天下第六泉"。从

庐山天下第六泉

此,招隐泉又多了一个"第六泉"的佳名。

1961年9月17日,周总理一行人由放牛娃周桂花带路,行至"天下第六泉"。周总理一边品尝着泉水,一边望着观音桥称赞道:"中国文化历史悠久,古代劳动人民有崇高的智慧,有高超的造桥技术,值得我们研究。"

在观音桥背面,还有一座栖贤寺,唐代宝历初年,江州刺史李渤将该寺迁至山南,因李渤曾在此隐居读书,为纪念这段经历,故名栖贤寺。宋时因文人推崇,栖贤寺达到鼎盛,明清后逐渐衰落。如今,经过重建的栖贤寺已建成大雄宝殿、闭关房、接待用房、文化长廊、山门殿等建筑,具备了一定的规模,成了庐山重要的文化旅游景点。

庐山栖贤寺

清贫

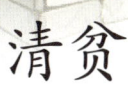

　　我从事革命斗争,已经十余年了。在这长期的奋斗中,我一向是过着朴素的生活,从没有奢侈过。经手的款项,总在数百万元;但为革命而筹集的金钱,是一点一滴都用之于革命事业的。这在国方的伟人们看来,颇似奇迹,或认为夸张;而矜持不苟,舍己为公,却是每个共产党员具备的美德。所以,如果有人问我身边有没有一些积蓄,那我可以告诉你一桩趣事。

　　就在我被俘的那一天——一个最不幸的日子,有两个国方兵士,在树林中发现了我,而且猜到了我是什么人,他们满肚子热望在

本文作者方志敏,选作课文时有改动。

我身上搜出一千或八百大洋，或者搜出一些金镯金戒指一类的东西，发个意外之财。哪知道从我上身摸到下身，从袄领捏到袜底，除了一只时表和一支自来水笔，一个铜板都没有搜出。他们于是被激怒了，猜疑我是把钱藏在哪里，不肯拿出来。他们之中有一个，左手拿着一个木柄榴弹，右手拉出榴弹中的引线，双脚拉开一步，做出要抛掷的姿势，用凶恶的眼光盯着我，威吓地吼道：

"赶快将钱拿出来，不然就是一炸弹，把你炸死去！

"哼！你不要做出那难看的样子来吧！我确实一个铜板都没有存，想从我这里发洋财，是想错了。"我微笑着，淡淡地说。

"你骗谁！像你这样当大官的人会没有钱！"拿榴弹的兵士坚决不相信。

"绝不会没有钱的，一定是藏在哪里，我

是老出门的，骗不得我。"另一个兵士一面说，一面弓着背将我的衣角裤裆过细地捏，总企望着有新的发现。

"你们要相信我的话，不要瞎忙吧！我不比你们国民党当官，个个都有钱，我今天确实是一个铜板也没有，我们革命不是为着发财！"我再次向他们解释。

等他们确知在我身上搜不出什么的时候，也就停手不搜了；又在我藏躲的地方周围，低头注目搜寻了一番，也毫无所得。他们是多么失望啊！那个持弹欲放的兵士，也将拉着的引线，仍旧塞进榴弹的木柄里，转过来抢夺我的表和水笔。后来彼此说定表和笔卖出钱来平分，才算无话。他们用怀疑而又惊异的目光，对我自上而下地望了几遍，就同声命令："走吧！"。

是不是还要问问我家里有没有一些财

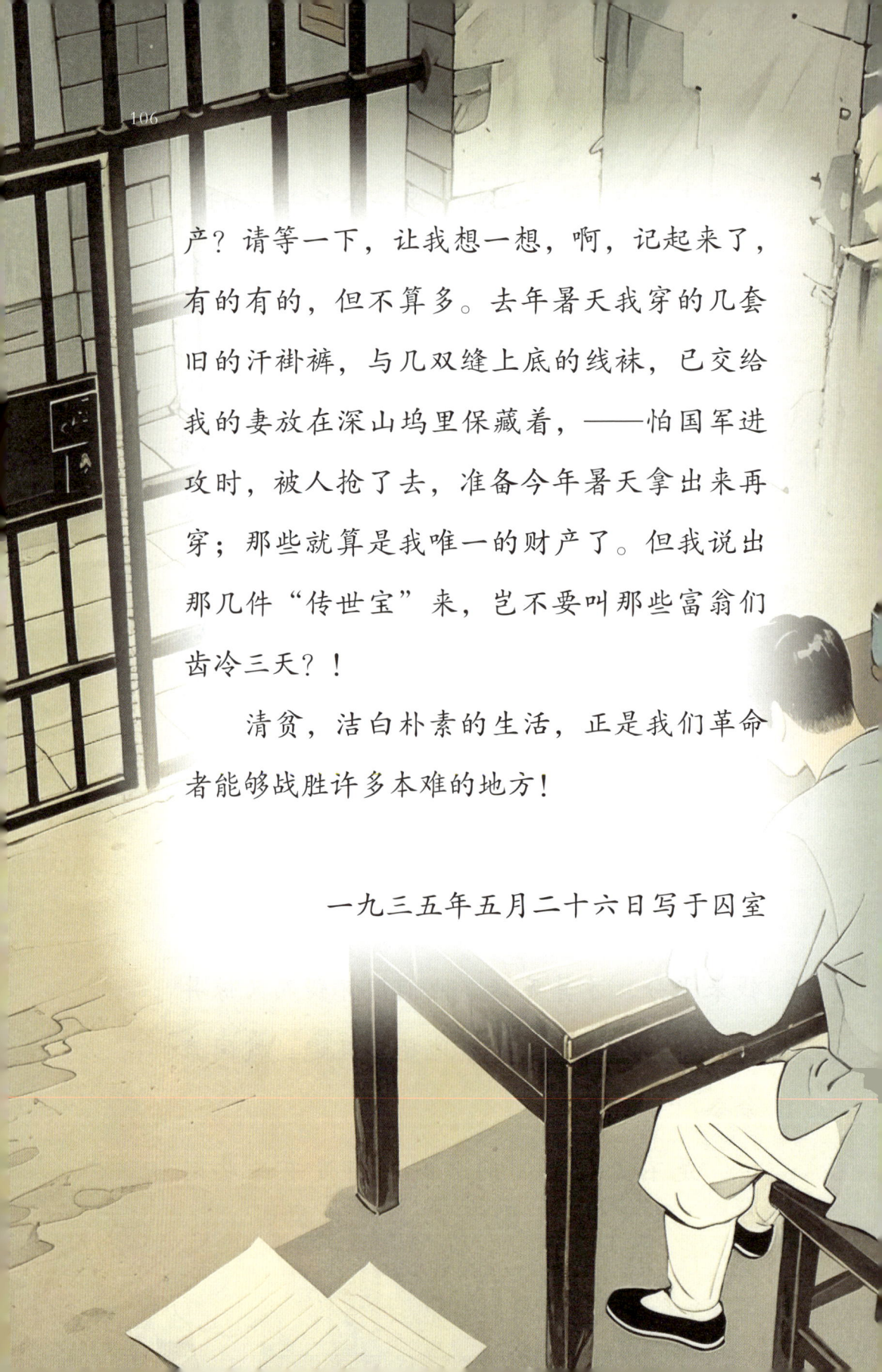

产?请等一下,让我想一想,啊,记起来了,有的有的,但不算多。去年暑天我穿的几套旧的汗褂裤,与几双缝上底的线袜,已交给我的妻放在深山坞里保藏着,——怕国军进攻时,被人抢了去,准备今年暑天拿出来再穿;那些就算是我唯一的财产了。但我说出那几件"传世宝"来,岂不要叫那些富翁们齿冷三天?!

清贫,洁白朴素的生活,正是我们革命者能够战胜许多本难的地方!

一九三五年五月二十六日写于囚室

16 清贫的方志敏

（相关课文：人教社统编语文教材五年级下册）

方志敏一生都过着极为清贫的生活，他在文章中描述道："我从事革命斗争，已经十余年了。在这长期的奋斗中，我一向是过着朴素的生活，从没有奢侈过。"方志敏对经济工作多有研究，在他的领导下，赣东北革命根据地大力发展制造业、发行股票，当地财政状况很好。方志敏经手的款项有数百万元，而他自己每天的菜金只有7分钱。从1931年至1933年，方志

怀玉山清贫园清贫碑

敏还给中央苏区送去万两金银，受到毛泽东、周恩来、朱德的高度肯定，称赞他"为中央苏区解决了大问题"。在遭到敌人搜查时，敌人感到十分惊讶，像方志敏这样重要的领导，身上除了一支钢笔和一块旧表外，竟然什么值钱的东西也没有。

方志敏曾在敌人的牢狱里面写下这么一段话："为着阶级和民族的解放，为着党的事业的成功，我毫不稀罕那华丽的大厦，却宁愿居住在卑陋潮湿的茅棚；不稀罕美味的西餐大菜，宁愿吞嚼刺口的苞粟和菜根；不稀罕舒服柔软的钢丝床，宁愿睡在猪栏狗窠似的住所！不稀罕闲逸，宁愿一天做十六点钟工的劳苦！不稀罕富裕，宁愿困穷！不怕饥饿，不怕寒冷，不怕危险，不怕困难。屈辱，痛苦，一切难于忍受的生活，我都能忍受下去！"

在工作和生活中，他始终严于律己，对家属、亲友同样秉持公心。

方志敏在江西领导革命时，国民党当局视之为心腹大患，他的亲属成为国民党反动派迫害的重要对象：他的大伯惨遭杀害，家族的房屋先后被烧毁十余次，亲属日常生活非常艰难。有一次，方志敏的婶婶带着他的母亲走了几十里山路找到方志敏，想让方志敏拿点饷银给母亲做条裤子，再给婶婶买点食盐。看到自己的母亲，方志敏非常难过。一来自己常年在外行军打仗，没有空闲侍奉双亲；二来自己兄弟二人都在部队，家里田地没人耕种，自己却一分钱补贴都拿不出。方志敏只好含泪告诉母亲："妈妈，我是当主席，可当的是穷人的主席，哪里是官？饷银嘛，将来会发，现在没得发。"

1931年的一天，方志敏的朋友，景德镇商会会长陈仲熙到横峰县葛源镇商谈贸易，事情办完后，他特意去看望方志敏。他还带了一块墨绿色的平绒布，说是给方志敏的夫人缪敏的见面礼。缪敏拿着布找到方志敏，想让丈夫花钱买下来，谁知方志敏一听，冲妻子大声说："花钱买也是变相受贿！"说完策马飞奔，硬是把布还给了陈仲熙。

后来缪敏被捕，方志敏的妻兄向他要400大洋保释

方志敏

方志敏烈士雕像

上饶方志敏纪念馆

金。方志敏却说:"苏维埃政府的钱来之不易,要尽量节约,四百大洋留下来,可以做许多事,还是另想他法吧。"最后在朋友们的拼命奔走下,方志敏的妻兄才救出了被关40多天的缪敏。

《清贫》以简洁朴实的语言,展现出一个共产党员一身正气、两袖清风的革命精神。在方志敏的物质观中,"清贫"不是一般意义上的贫寒,不是一贫如洗、家徒四壁、食不果腹、衣不蔽体的生活状态,而是为党的事业和人民群众的利益甘于清苦的一种精神境界。这种清贫的家风，是方志敏鲜明的品格风范，是他一生大义担当的生动写照，是中国共产党人永志不忘的红色血脉。

"清贫，洁白朴素的生活，正是我们革命者能够战胜许多困难的地方！"这是方志敏的名作《清贫》中的警句，也是他光辉一生的真实写照。

大江保卫战

佚名

1998年的夏天。暴雨，大暴雨，一场接着一场，奔腾不息的长江，转瞬间变成了一条暴怒的巨龙，疯狂地撕咬着千里江堤。荆江告急！武汉告急！九江告急！……灾情就是命令，灾区就是战场。在这万分危急的关头，几十万解放军官兵日夜兼程，朝着大江挺进。他们和几百万人民群众一起，打响了气壮山河的大江保卫战。

7月27日凌晨两点，九江赛城湖的大堤塌陷了。四百多名官兵闻讯赶到。支队长一声令下："上！"顿时，一条长龙在崩塌的堤坝下出现了。官兵们肩扛沉重的沙包，在泥水中来回穿梭。有的为了行走快捷，索性赤脚奔跑起来。嶙峋的片石割破了脚趾，他们全然不顾，心中只有一个念头："大堤，保住大堤！"狂风卷着巨浪，猛烈地撕扯着堤岸。战士们高声喊道："狂风为我们呐喊！暴雨为我们助威！巨浪为我们加油！"他们一个个奋然跳入水中，用自己的血肉之躯筑起一道人墙。经过几个小时的鏖战，大堤保住了，官兵们浑身上下却是伤痕累累。"风声雨声涛声，声声震耳；雨水汗水血水，水水相融。"这是人民子弟兵在这场惊心动魄的大决战中的真实写照。

面对肆虐的洪水，更显出人民子弟兵铮铮铁汉的本色。

解放军某部四连连长黄晓文正扛着麻包在稀泥中奔跑，忽然觉得脚底一阵疼痛，抬脚一看，原来是一根铁钉扎了进去。团长见状，马上派人去找随队军医。黄晓文大声说："来不及了！"说着，一咬牙，猛地把铁钉一拔，一股鲜血涌了出来。黄晓文随即从身上扯下一绺布条，三下两下把脚捆了个结实，二话没说，转身扛起地上的麻包，又爬上了大堤……在那几十个难忘的日日夜夜，有多少这样感人的事迹啊！

汹涌的激流中，战士们的冲锋舟劈波斩浪，飞向漂动的树梢，飞向灭顶的房屋，飞向摇摇晃晃的电杆。在安造垸，他们救出了被洪水围困了三天三夜的幼儿园老师周运兰；在簰洲湾，他们给攀上树梢等待了近九个小时的小江珊以生的希望……哪里有洪水，哪里就有军旗飘扬；哪里有危险，哪里就有军徽闪烁。滔滔洪水中的群众，看到了红五星，看到了迷彩服，就像看到了他们的大救星。

大江，永远铭记着1998年的夏天，铭记着我英勇的人民子弟兵。

17 军民同心战洪魔

（相关课文：苏教版语文教材五年级下册）

《大江保卫战》开启了一场轰轰烈烈的历史画卷。1998年夏天，气候异常，暴雨频发，长江出现全流域性大水，东北嫩江、松花江也暴发特大洪水。千钧一发之际，在党中央坚强领导下，全党、全军和全国人民紧急行动，广大党员干部群众同解放军指战员、武警官兵一起，团结奋战，力挽狂澜，同洪水进行了惊心动魄的殊死搏斗。

九江市西向的长江南岸，当年的4号

闸口和5号闸口之间,矗立着一座纪念碑,上面镂空雕刻着多个"1998"的数字。这座纪念碑是为了纪念1998年中国军民抗击全国的特大洪水的胜利以及封堵长江大堤九江段决口的壮举而建的。

1998年8月7日,历史将永远铭记这个日子。当天13时50分,长江九江大堤发生决口,决口位于九江市城区长江大堤上游段4号闸口至5号闸口之间。汹涌的长江洪水在这里冲破大堤,淹没了九江市西区。中央军委紧急调动当时的南京军区某集团军、北京军区某集团军和福建总队、武警江西总队等部队进行堵决口。

这一天,是长江九江大提超过警戒水位的第45天。之前因为第二号台风影响,九江

九江九八抗洪广场纪念碑

水位陡然升至22.84米，超出警戒水位3.34米。汹涌的洪水，粗暴蛮横地冲击着已经松软的长江大堤，一股股暗流化作泡泉涌出。

13时10分，来自浙江金华的步兵某师炮团反坦克连的三名战士，在4号闸口至5号闸口之间，发现了一个直径约为3-5厘米的泡泉，此时涌出的水已经发浑。凭着10多天的抢险经验，战士们意识到这可能是一个险情，他们赶紧打电话向上级报告。消息很快逐级传到了河西指挥部、市防汛抗旱指挥部和九江军分区作战值班室。在军分区作战值班室的值班员周才权在当天的值班日志上记载："市防总电话：4-5号闸口出现重大险情，13时10分发现泡泉和浑水。"

13时13分，炮团反坦克连的70名官兵仅用了3分钟便从驻地民房赶到险情地点。指导员当即命令连队分成三个小组：第一组由他自己带队用身体挡住泡泉眼，尽量减少流量；第二组由10余名战士迅速跳入江中，寻找泡泉口子；第三组战士装运沙石，用来填堵泉眼。数分钟后，九江水泥造船厂的职工也陆续到达险情现场，10多名职工与战士一起跳入长江，手拉手探摸已经成为无底洞的泡泉口子，战士们拿来的40床棉被和地方职工送来的10床棉絮全部填进去了，仍没有效果。

13时30分,意外发生了!九江长江大堤4号至5号闸口处突发溃堤!肆虐的洪水如脱缰的野马,汹涌而出,发出巨大的轰鸣声。情急之下,人们迅速推下一辆载满货物的大卡车,只听"轰隆"一声,激流中溅起一个浪花,卡车立时被冲得不见踪影。九江市防汛抗旱指挥部很快又调来两条大型水泥趸船堵塞决口,但仍未能降住洪魔。

时针指向18时,堤上军民奋战2小时,21辆军用卡车、2条机驳船沉入决口,仍没能堵住洪水。眼看洪水已经漫过九瑞大道,如果和八里湖连成一片,那半个九江就都在水里了。这时候在江上作业的"奉港501"轮接到

九江九八抗洪展陈馆

命令，拖着一艘更大的驳船（"甲-21025"驳船）沉入江中，把九江大堤决口完全堵住了。

凶猛的洪水暂时被沉船堵住，当务之急是赶紧修筑一道弧形围堰。整整七个日夜，战士们就泡在洪水之中，用惊人的勇气和毅力修筑起了一道生命的围堰。8月13日晚，长江大堤九江段决口封堵成功！

为纪念这一历史时刻，九江抗洪纪念馆用逼真的模型再现大型堵决口现场。在这里，人们能感受到洪魔肆虐的危机，战士背沙包的艰辛和封堵现场的繁忙。该展馆主体工程以当时被凿沉堵口的"甲-21025"驳船原型为造型。主陈列馆展陈共分为6个单元，分别为"茫茫九派 惊涛骇浪""勠力同心 搏风击浪""风雨同舟 守望相助""鱼水情深 血脉相连""重建家园 长治久清""传承精神 接续奋斗"。展陈馆充分运用沉浸式CAVE空间、场景剧场、VR、声光电等综合场景多元化手段进行展示，将重点聚焦在1998年抗洪那段波澜壮阔的历史，全方位、多角度展示当时的真实场景，展现人们不断创造人间奇迹的恢宏伟力。

大江，永远铭记着1998年的夏天，铭记着我英勇的人民子弟兵。

西江月·夜行黄沙道中

辛弃疾

明月别枝惊鹊,清风半夜鸣蝉。稻花香里说丰年,听取蛙声一片。　　七八个星天外,两三点雨山前。旧时茅店社林边,路转溪桥忽见。

18 乡村田园交响乐

(相关课文:人教社统编语文教材六年级上册)

夏夜,凉风吹过,辛弃疾漫步在江西黄沙道中,一路上和朋友谈论着今年的农事。明月的光线惊醒了栖息在树枝上的乌鹊,清风拂过,也惊动了半夜歇息的蝉。暑气未消,知了躲在树上时不时重复着白天唱过的歌谣。前行间,阵阵稻香在空气中漫溢,湖边的青蛙也感受着即将丰收的喜悦。突然天上洒下几许细雨,就在众人找地方避雨时,那熟悉的旧时茅店已然出现在眼前。

《西江月·夜行黄沙道中》是南宋词人

辛弃疾被弹劾落职，退隐江西上饶带湖期间创作的一首吟咏田园风光的词。黄沙道，是从江西省上饶市黄沙岭乡黄沙村的茅店到大屋村的黄沙岭之间约20公里的乡村道路，南宋时这条乡道是一条直通上饶古城的繁华官道，东到上饶，西通铅山。词人将江南村舍中再熟悉不过的场景描摹得充满了动静结合之美，本质上是基于内心对这片土地真诚的付出和爱恋。

对于辛弃疾而言，谪居上饶的他并未等来重新上任的机会。满腹经纶的辛弃疾希望通过办学之路发挥自身的光和热，于是在上饶创办了两所书院——位于铅山的期思书堂和位于广信的黄沙书院。

淳熙十二年（1185），辛弃疾在访得周氏泉之后，先

铅山期思渡

盖了期思书堂中的瓢泉草堂。朱熹所写"克己复礼""夙兴夜寐"两个斋额就挂在期思书堂中的斋室题。"克己复礼"明书堂教育之旨,"夙兴夜寐"则励勤奋不懈之志。辛弃疾教书育人所复之礼当然是收复中原。1202年除夕,辛弃疾独自在书堂"克己复礼斋"守岁。夜深人静之时,少年时的侠义之气一次次浮现于梦境中,辛弃疾想一把抓住,但始终难圆此梦。反复的梦境令辛弃疾若有所思:难道是上天在启示自己以另一种方式实现理想?这让辛弃疾豁然开朗,英雄之心再次受到了激励。于是,多建书院、广育学生,让辛弃疾忙碌起来。除在瓢泉建期思书堂外,辛弃疾在黄沙岭还创建了黄沙书院。奔波在从瓢泉经上泸到黄沙,最终抵达铁山西岩的乡道间,辛弃疾已然换了身份。《西江月·夜行黄沙道中》即为其往返书院途中的作品。

　　往返于带湖和瓢泉的岁月里,辛弃疾与土地、农耕都结下了不解之缘。他的农耕思想可能源于更早的时候,九个儿子中八个儿子名字里都带"禾"字旁,其中辛稹、辛秬均出生于南渡之前。在筹建带湖庄园时,辛弃疾将新居取名为"稼轩"并以此自号"稼轩居士",这是从内心深处对于农耕文化的认同。1185年,辛弃疾得知离瓢泉25里的县城永平附近,一度荒废的采矿炼铜业将复兴,矿工与

上饶新貌

坑户人数将会大幅增加,粮食需求也将急速猛涨,于是,辛弃疾广置田产、苦心经营,成为真正的"稼轩居士"。

在瓢泉,他亲自参加农田开垦及其他农耕设施的建设,将一身将才运用在广袤的土地上:辛弃疾在田间插秧时,整齐而挺拔的秧苗就像他当年训练的士兵;辛弃疾在清溪里捕鱼时,再狡猾的鱼都乖乖地被他收入网中。辛弃疾关注天时,希望百姓粮仓殷实。他饶有兴趣地加入当地民俗活动,当乡亲们热情地邀请他参与乡间宴饮时,他总是兴致勃勃,大碗喝酒,豪气冲天。有一回夜晚喝醉之后,他便酣憩在看守瓜田的草屋之中,直到第二天家人来寻,他还是一脸陶醉的模样。当风调雨顺时,他会像一个志得意满的老农那样,兴奋地在田间地头手舞足蹈;遇上连年收成不佳时,他也急得在田埂直跺脚,念叨着"当年治郡时,百姓可没受这苦"。

淳熙七年(1180),辛弃疾第二次调任隆兴府(今南昌)知府,兼江南西路安抚使。当时江西发生严重的旱灾,粮食歉收,物价飞涨。辛弃疾一到任就贴出告示——"闭粜者配,强籴者斩",物价顿时稳定下来。辛弃疾还把买的粮食,分了三成救济邻省信州的饥荒。

辛弃疾来到南方,带来了满腹诗书,带来了农耕文化,带来了将军的智慧与才华。

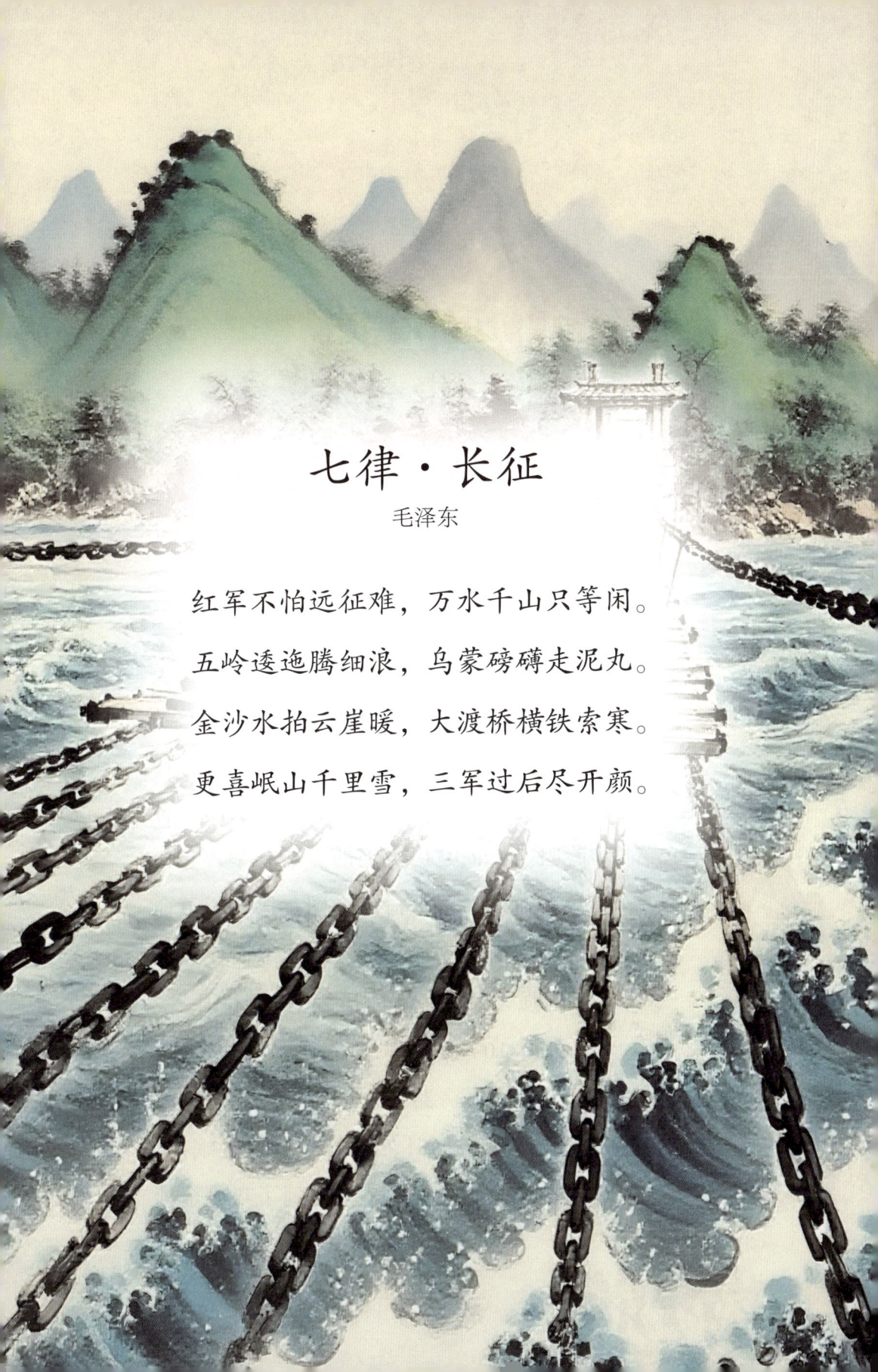

七律·长征

毛泽东

红军不怕远征难,万水千山只等闲。
五岭逶迤腾细浪,乌蒙磅礴走泥丸。
金沙水拍云崖暖,大渡桥横铁索寒。
更喜岷山千里雪,三军过后尽开颜。

19 红军不怕远征难

（相关课文：人教社统编语文教材六年级上册）

《七律·长征》是毛泽东写于1935年10月的一首七言律诗，记录着长征路上的种种艰难险阻。长征是历史上的一个壮举，它粉碎了敌人扼杀中国革命的企图，保存了革命的火种，令中国革命转危为安，继而使人民军队不断强大，最终建立中华人民共和国。

1934年10月，中央红军从江西于都出发，开始长征，一路浴血奋战，最后到达陕北延安。1935年10月，中央红军越过岷山。毛泽东在《七律·长征》中写到了巧渡金沙

长征渡口

江和强渡大渡河这两场战役。

金沙江位于长江的上游,穿行于川滇边界的深山峡谷间,江面宽阔,水急浪大。如果红军不渡江,就会被敌人逼进深山峡谷,面临全军覆没的危险。1935年4月28日,蒋介石下达命令,控制渡口,毁船封江,妄图切断红军退路。

1935年5月,中央红军在金沙江边发现了一条船,这条船是敌军送探子来南岸探查情况的,可探子不知跑到哪里去了。后来,中央红军在当地农民的协助下,又从水里捞出一条破船,用布把船上的漏洞塞上。然后,他们乘坐这两条船从皎平渡驶向北岸,敌人以为是探子回来了,没有在意。这时红军抓住时机,突然发动袭击,一举控制皎平渡两岸渡口。与此同时,红一军团赶到龙街渡,红三军团赶到洪门渡,但这两个渡口都没有用来渡江的船只,加上江宽水急,无法架桥。军委命令部队迅速转到皎平渡渡江。5月3日至9日,红军主力就靠着仅有的七条小船分批渡江。两天以后,敌人追兵才赶到南岸。

如果说巧渡金沙江是红军富有智慧、成功的一次战役,那么强渡大渡河则是红军勇敢、顽强的一次战役。

大渡河源出青海、四川两省交界处的果洛山。两岸都是高山峻岭,曲折流至四川省乐山县(今乐山市),入岷江。

1935年5月25日,中央红军长征先头部队红一军团第一师第一团,在四川省安顺场强渡大渡河成功后,中央指挥红一军团、第一师及干部团由安顺场继续渡河,沿大渡河东岸北上,其余部队由安顺场沿大渡河西岸北上,两路部队夹河而进,火速夺占泸定桥。红军总参谋长刘伯承和红军先遣队政委聂荣臻率领红一师和干部团,迅速渡过大渡河,带领着红军奋勇向前。而红四团战士更在下大雨的情况下,在崎岖陡峭的山路上跑步前进,以一昼夜急行军120千米的极限速度,在5月29日凌晨6时按时到达泸定桥西岸。泸定桥长约百米,仅剩13根铁索,桥板已被敌人拆掉,红军先头部队的英雄战士沿着枪林弹雨和火墙密布的铁索踩着铁链夺下桥头,并与东岸部队合围占领了泸定桥。这场战役粉碎了蒋介石围歼大渡河以南红军的妄想,为长征北上开辟了通道。泸定桥因此而成为中国共产党长征时期的重要里程碑。

《七律·长征》中提到的战役,只是长征中的部分经历,实际上,长征中还有很多艰难险阻没有被写进诗里。

中国工农红军长征的胜利,是人类历史上的奇迹。

中央红军长征出发纪念碑

中央红军长征出发纪念馆

在整整两年中,红军转战14个省份,历经曲折,战胜了重重艰难,保存和锻炼了革命的骨干力量,将中国革命的大本营转移到了西北,为开展抗日战争和发展中国革命事业创造了条件。

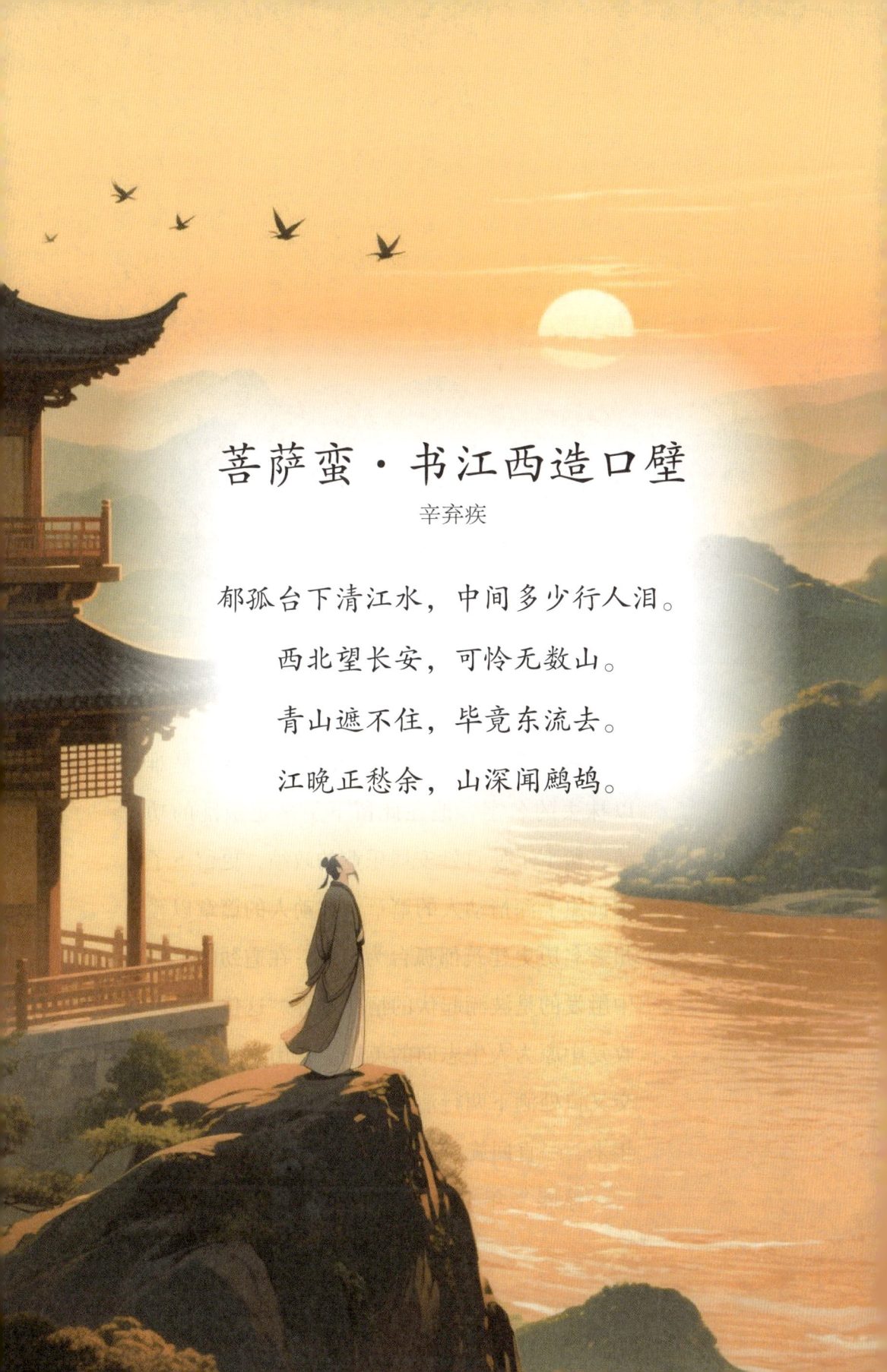

菩萨蛮·书江西造口壁

辛弃疾

郁孤台下清江水，中间多少行人泪。

西北望长安，可怜无数山。

青山遮不住，毕竟东流去。

江晚正愁余，山深闻鹧鸪。

20 青山遮不住

（相关课文：长春版语文教材六年级上册）

在江西赣州的历史长卷里，辛弃疾是难以抹去的名字。他在此留下了平定叛乱的功绩，留下了使百姓安居乐业的政绩，更留下了宋词史上深情动人的篇章。那动人的篇章以赣州著名历史建筑郁孤台为笔端，在遒劲的笔触中触发的是波澜起伏的情感世界。这位一生以收复中原为人生志向的英雄，在历史和现实的交叉口处洒下两行清泪，留下一腔孤愤，千百年来，一直回旋在赣州的文化时空之中。

淳熙二年（1175）七月，辛弃疾肩负着

赣州郁孤台

宋孝宗赵昚下达的特殊命令,奔赴赣州,围剿困扰朝廷已久的"茶商军"。风尘仆仆地赶到江西赣州后,辛弃疾顾不上一路劳顿,立刻对形势作出了全盘分析:朝廷官兵在深山密林里穿着沉重的铠甲、拿着沉重的武器与茶商军周旋,完全处在劣势。茶商军惯于走山路,朝廷官兵习惯于平原作战,这一点又使得朝廷官兵失去了行动上的优势。更让人感叹的是,朝廷官兵信息不灵通,而茶商军因为和茶农深入合作,能便捷、准确地得到外围消息。茶商军在暗处,朝廷官兵在明处,这是军事上的大忌讳。

和朝廷官兵相比,茶商军是为了生计作最后的抗争,因而作战凶猛顽强,远远超过常人的想象。

于是,辛弃疾组织了一批精兵,打算智取茶商军。一方面,他在全城范围内颁布重赏令,招募敢死队,第一时间形成士气和战斗力;另一方面,他建议皇上降低对茶商征收的赋税,以此减轻舆论压力。与此同时,他还与精通地形的本地乡兵组建两支队伍,一支负责蹲守茶商的根据地,全面调查、跟踪茶商的日常行踪,做好所有资料和情

赣州建春门

赣州东河古浮桥

报收集工作；另一支主要负责到茶商隐居的山里虚张声势，进行搜查、追击，但暂不发动攻击。

由于辛弃疾组织的部队信息灵通，攻守并举，虚实相生，茶商军的活动范围越来越小。

在收到准确情报后，辛弃疾部队乘虚而入，分批派出具有游说能力的官兵前往茶商军营招降，宣布愿意投降的人都会被善待。茶商军感觉情况不妙，自知已无还手之力，只好投降以获得宽待。

其他的茶商军尽管抵抗了一阵，也慢慢走向人心涣散之境地，当初拧紧的那股绳逐渐变得松散起来。辛弃疾趁机全面发动心理战，派兴国县尉黄倬前去劝降。淳熙二年（1175）十月，茶商军首领赖文政被辛弃疾诱杀于江州。

辛弃疾一战成名，1175年7月到任赣州，10月就基本上把茶商军剿灭。剩下的时间他常常往返于江西、湖南、湖北之间，督促当地官员处理好茶商军的遗留问题，巩固剿灭成果。来往之间，万安造口（今万安县沙坪镇皂口村）是他必经之地。

淳熙三年（1176）秋天，辛弃疾又一次经过造口驿，他俯瞰昼夜奔腾的滔滔赣江水，回想起47年前金兵南侵直入江西，隆裕太后在造口驿被迫弃船登陆逃往赣州的情景，情不自禁地忧伤满怀。

辛弃疾在万安造口驿题词于壁，这首词的内容主要是写赣州，因为赣州是他工作生活了近两年的地方，也是他剿灭茶商军、建功立业的地方。他在赣州任上，勤于政务、治理荒政、整顿治安、抚恤贫民，颇有政绩，受到百姓交口称赞。

可是，即便如此，也无法止住其内心深沉的隐痛。兵家男儿渴望的是对外使出浑身的力量，而这一切，只要有机会，完全可以实现。历史的一幕不断在辛弃疾眼前重现，他多么渴望，有一天，过去的所有落寞能随着郁孤台下的清江水顺流直下、永不回头。但他又可悲地发现，对付茶商军的战争在某种程度上除了见证自己带兵打仗的实力，实际上也在尖锐地敲打着自己敏感的神经。

泊船瓜洲

王安石

京口瓜洲一水间，钟山只隔数重山。
春风又绿江南岸，明月何时照我还。

21 明月何时照我还

（相关课文：人教社统编语文教材六年级下册）

宋代，江西抚州临川出了一个大才子——王安石，他官至宰相，变法图强，为当时的中国发展进行了从理论到实践的有益尝试。虽变法之路屡遇波折，壮志未酬，但王安石的许多重要思想和举措都被广泛吸收和运用，对国家和社会经济产生了重要的作用和影响，他高洁的人品和杰出的文学成就也为后人所称颂，他成为赣鄱大地上一颗璀璨的明珠。

《泊船瓜洲》是王安石的七言绝句："京口瓜洲一水间，钟山只隔数重山。春风又绿江

抚州拟岘台

南岸,明月何时照我还。"诗人站在瓜洲渡口,放眼向南望去,京口和瓜洲之间只隔着一条如带似的长江,距离看起来并不遥远。暖洋洋的春风又一次使得江南的田野焕发了绿意和生机,诗人不禁思索:此次进京后,什么时候才能在明月的映照下再次回到钟山的家中呢?

诗人心心念念的"钟山",地处其长期定居的第二故乡南京。可是,王安石的本籍是江西临川,其中又连接着怎样的历史故事呢?

天禧五年(1021),王安石出生在一个书香门第,父亲王益是临江军判官。王安石的家庭可谓人丁兴旺,上有两个哥哥,下有四个弟弟和三个妹妹。母亲吴氏出身于金溪(今江西抚州金溪)乌石冈的诗书之家,是知书达理之人。临江是一座古城,其历史可追溯至武德八年（625）,曾为军、路、府署所在地,拥有发达的商贸和便利的交通,据说发展最兴盛时已达"城内三万户,城外八千烟"的规模。可临江也仅仅是王安石的出生地,其真正的故乡是江西临川。

尽管王安石在临川待的时间并不长,但故乡仍然给了他难忘的记忆。彼时的临川县城东面有一个大丘陵,曾经是盐车卸车的地方,因此又被叫作盐埠岭。王安石的老家就在盐埠岭下。从王家往东走不远,就有一座名叫大中祥符的道观。道观依溪而建,颇有江南水乡独有

临川文塔

的韵味。因而，王安石把南京当作第二故乡，某种意义上是因为江南相似品格的迁移。加上王安石出生于子女较多的家庭，儿时与兄长及家族兄妹们游玩的欢声笑语，也成为其故乡回忆中不可或缺的部分。回忆故乡时，王安石曾作《大中祥符观新修九曜阁记》，对于江南水乡的情感极为清晰和深沉："临川之城中，东有大丘，左溪水，水南出而北并于江。城之东，以溪为隍，吾庐当丘上。自北折而东百步，为祥符观。观岸溪水，东南之山不奄乎人家者，可望也。安石少时固尝从长者游而乐之，以为溪山之佳，虽异州，乐也，况吾父母之州，而又去吾庐为之近者邪！虽其身去为吏，独其心不须臾去也。"故乡真正的魅力就在于，身虽离去，心灵永远在回望。因而，即便南京成为王安石的第二故乡，临川在其心目中的地位也不可替代。

王安石和南京的渊源可追溯至他17岁时随父亲到任所。到南京两年后，一场突如其来的家庭变故让正在构建自身读书入仕路途的王安石必须承担起生活的重担。父亲突患急病离世，一大家人措手不及，悲痛异常。而王安石必须接过父亲的接力棒，应对一家老小的生活日常：彼时，家里最小的弟弟安上尚在襁褓之中，大哥安仁科举未第，二哥安道尚未步入仕途，祖母已75岁，不

能再遭受任何打击，家中唯一的经济来源突然中断，生存成了必须面对的难题。王安石连安葬父亲的能力都没有，扶柩还乡成了奢望。这个少年在一夜之间变得成熟懂事。就这样，对故乡的思念在无形之中暂时被搁置，年轻有担当的王安石希望通过科举之途解决一家人生存无着的状态。

后来，王安石向友人虞醇倾吐道："辍学以从仕，仕非吾本谋。欲归谅不能，非敢忘林丘。临餐耻苟得，冀以尽心酬。万事等画墁，虽勤亦何妆？扬扬古之人，彼职乃无忧。感子抚我厚，欲言秖惭羞。"在给友人张太博的书信中，又说："中不幸而失先人，母老弟弱，衣穿食单，有寒饿之疾，始怃然欲出仕。"这一切如果说是命运、是造化，倒不如说是选择。王安石虽不能预测自己一生终将远离故土，但解决当下的问题却是当务之急。而正是这份主动选择承担责任的心态，与其未来成为变法的积极推动者之间已经呈现出微妙的内在联系。只是，故乡只能渐行渐远，无论当下抑或是未来的路，都只能在远方。

清平乐

黄庭坚

春归何处?寂寞无行路。若有人知春去处,唤取归来同住。　春无踪迹谁知?除非问取黄鹂。百啭无人能解,因风飞过蔷薇。

22 春归何处

（相关课文：人教社统编语文教材六年级下册）

绍圣二年（1095），50岁的黄庭坚被迫过上了颠沛流离的生活。贬谪江汉一带辗转六年，好不容易被召回京任职，不到三年，近花甲之年的黄庭坚再遭清算，落得除名羁管宜州的境地。

春末夏初，黄庭坚感受到悄然逝去的季节里蕴含着无尽的过往，万千感慨化为词作《清平乐》（春归何处）。

庆历五年（1045），黄庭坚出生于洪州分宁（今江西修水）双井村。双井黄家是当地的世家望族，人才辈出，仅宋代就出了四十八位进士，其中四人官至尚书，被誉为"华夏进士第一村"。

黄庭坚5岁时，已能诵读"五经"。7岁时，父亲黄庶将他送入私塾读书，在私塾读书时，因为"六经"中的《春秋》晦涩难懂，老师并未教授。有一天，黄庭坚向老师问道："大家都说有'六经'，您为什么只带我们

修水县双井村黄庭坚文化园

读其中的五本呢?"老师回答说:"《春秋》你现在还读不懂。"黄庭坚则说:"既然《春秋》是'六经'之一,读了才能懂呀。"最后,老师教他读了《春秋》。这部编年体史书著作对于一般的孩子来说如同天书,但黄庭坚很快就读完了整本,而且十日成诵,无一字遗漏。

舅舅李常对黄庭坚青睐有加,经常给他讲解经书及诗歌声律、音韵方面的知识。每当舅舅给黄庭坚讲述杜甫和陶渊明的诗,黄庭坚都会听得入迷,许久回不过神来。黄庭坚在父亲去世后,便跟在舅舅李常身边求学,不仅精心研读儒家经典,还广泛涉猎诗文著述,为后来的求学打下了深厚的根基。

治平二年(1065),乡试失利的黄庭坚回到修水双井村,继续在芝台书院、樱桃书院读书深造。黄庭坚对于过去的成绩不以为意,对学业不断开拓精进,对学问的思考也愈加深入。治平三年(1066)乡试,黄庭坚荣登榜首。主考官李询称赞道:"此人不惟文理冠场,异日当以诗名擅四海。"才华横溢的"英俊少年",生命的春天里写满的是意气风发。治平四年(1067),黄庭坚再次参加科举考试,考中进士,为全国第30名。

黄庭坚的才华不仅成就了自我,也成就了宋朝最大的诗派——江西诗派。作为江西诗派的创始人,黄庭

春归何处 149

修水箔竹古村

修水县双井村黄庭坚故居

坚将诗歌的创作引入了别样的春天。他提出的"夺胎换骨""点铁成金"等诗学主张,既师法前人,又讲究技巧,做到超越前人且自成一家。黄庭坚与陈师道、陈与义一起形成了江西诗派的"三宗"。作为三宗之首,黄庭坚取得了诸多创作成就,达到了"一诗一文出,人争传诵之"的效果。一批年轻诗人受他的诗艺与人品感召,集结在他周围。

黄庭坚对后学新人的指导和影响使得江西诗派焕发

了新的生机。黄庭坚的家乡旁边有一个奉新县,奉新学子胡直孺和黄庭坚成为莫逆之交的故事为当地人所津津乐道。

胡氏家谱载,胡直孺的先祖、华林书院的创办人胡仲尧、胡用庄的像赞即为黄庭坚所题。胡直孺18岁时,曾托人将诗文送给黄庭坚指点。黄庭坚尽管事务繁忙,但对于后学者,尤其是勤勉的后学者,他向来是不遗余力地顾念。读完胡直孺的诗文,黄庭坚甚为赏识,立马写信将自己的想法回复给了胡直孺。胡直孺当时只是抱着试

修水县双井村高峰书院

试看的心态请教黄庭坚，没想到这位比自己大28岁的文豪如此真诚、谦和又迅速地给自己回了信，这使他在诗文上的追求和信念更加坚定了。从此，二人常有书信往来，在黄庭坚的悉心指教下，胡直孺的学业更上一层楼。

绍圣四年（1097），25岁的胡直孺进士及第，他在欣喜之余及时拜会了黄庭坚，感谢他多年指教之恩。黄庭坚也很开心，随即作诗《跋胡少汲与刘邦直诗》，跋曰："胡少汲后生中豪士也。读书作文，殊不尘埃，使之不倦。虽竞爽者，未易追也。"黄庭坚和胡直孺就这样一直保持书信来往，成了真正的忘年交。

西江月·井冈山

毛泽东

山下旌旗在望,山头鼓角相闻。敌军围困万千重,我自岿然不动。 早已森严壁垒,更加众志成城。黄洋界上炮声隆,报道敌军宵遁。

23 黄洋界上炮声隆

（相关课文：长春版语文教材六年级下册）

江西名山众多，自然风景各不相同，人文故事也各有千秋。有一座山，在中国革命风起云涌的岁月里，至今仍然保留着豪迈之气。它就是处于长江以南和南岭以北的罗霄山脉中段东坡的井冈山。

1927年10月，中国第一个农村革命根据地——井冈山革命根据地，开辟了以"农村包围城市、武装夺取政权"的具有中国特色的革命道路。毛泽东的词作《西江月·井冈山》即通过对黄洋界保卫战的描写，满怀激

油画:《黄洋界保卫战》

情地歌颂了井冈山将士坚守革命根据地的英勇斗争精神。

1928年8月,驻扎在湘、赣的国民党反动派趁井冈山革命根据地兵力空虚,对红军发起了第三次"会剿"。8月30日,敌方出动四个团的兵力进攻井冈山黄洋界,红军以两个连的兵力与敌方激战一天,以少胜多,成功击退敌军。

黄洋界为井冈山五大哨口之一,位于井冈山北面,海拔1300多米。其山峰峻峭、地势险要,与哨前小路崎岖难行正好形成"一夫当关,万夫莫开"之势。

8月29日,红四军第三十一团团长朱云卿、党代表

黄洋界保卫战胜利纪念碑　　井冈山红旗雕塑

何挺颖等人会同湘赣边界特委同志召开作战会议,作出战斗部署,在山下以各种方式游击袭扰、牵制敌军,以此分化敌军注意力,减小对于红军的全力进攻。井冈山兵力空虚是不争的事实,红军指战员一方面扎实备战、顽强阻击,一方面仍然不忘将劣势转化为优势。红军动员老百姓上黄洋界扮作"疑兵"时,没有人推辞。似乎在一夜之间,老百姓身上的血液都快燃烧起来。

按照红军的部署,上山来帮忙的老百姓听到口令后,有的负责在铁桶里放鞭炮冒充机枪声,有的负责喊叫"冲啊""杀呀"造成人多势众之感。"疑兵"们虽然人数不多,以前也并没有受过专门训练,但表演起来确实气势十足,敌人听到后心里已经开始发虚。

8月30日下午,敌方吴尚部发起新一轮猛烈进攻。朱云卿和何挺颖已在黄洋界哨口等候多时。黄洋界哨口正面陡峭,红军站在哨口就能望见山脚下的小村庄。敌人一个个爬上山,红军将士并没有立马发起攻击,而是耐心等待着他们进入射程范围。指挥员考虑到大家子弹不多,心里一直盘算等敌人靠近一点再发起进攻。

敌人越来越近,越来越近了。朱团长牙关一咬、眉毛一挑,大喝一声:"打!"随即,枪声、鞭炮声、喊叫声混杂在一起。敌人被这声音弄得失去了判断,但还是一次又一次地发起反击。就这样,敌人也离黄洋界哨口越来越近。从上午到下午,红军只剩下最后一发炮弹了。突然,黄洋界上一声巨响,这发炮弹不偏不倚,直接命中了敌军的指挥所。敌人被这声巨响震得一片大乱,以为红军的主力已到,于是纷纷仓皇逃跑。局势在顷刻之间发生了根本性的变化。

红军虽然取得了暂时的胜利,但还是担心敌人会再度进攻。因此,当夜色笼罩井冈山时,红军将士仍然坚守阵地。他们彻夜堆积了许多乱石,准备在敌人反扑时再下一场石头雨。第二天,敌人并未进攻,黄洋界保卫战获得了最终的胜利。

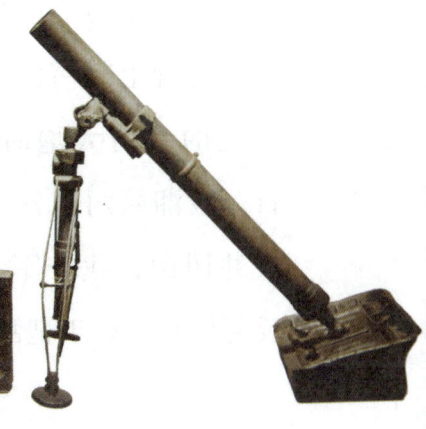

黄洋界保卫战用过的迫击炮

毛泽东书写的《西江月·井冈山》

毛泽东听闻黄洋界保卫战胜利的消息,挥笔写下了《西江月·井冈山》:"山下旌旗在望,山头鼓角相闻。敌军围困万千重,我自岿然不动。　早已森严壁垒,更加众志成城。黄洋界上炮声隆,报道敌军宵遁。"

1965年5月22日,毛主席重上井冈山。在海拔1343米的黄洋界,72岁的毛主席下车后快步走向山顶,观赏黄洋界巍峨险要的地势和当年的哨口遗址。当他看到一座纪念碑上刻写的《西江月·井冈山》一词和架设在哨口上的一门大炮时,毛主席欣慰地说:"1928年8月30日,敌湘赣两军各一部趁我军在赣西南欲归未归之际进攻井冈山,我守军不足一营,好险哦!守军凭险抵抗,反复较量,终于把敌人赶下山,才保存了这个根据地。"

井冈翠竹

袁鹰

井冈山五百里林海里,最使人难忘的是毛竹。

从远处看,郁郁苍苍,重重叠叠,望不到头。到近处看,有的修直挺拔,好似当年山头的岗哨;有的密密麻麻,好似埋伏在深坳里的奇兵;有的看来出世还不久,却也亭亭玉立,别有一番神采。

"井冈山的竹子,是革命的竹子!"井冈山人爱这么自豪地说。

有道是:天下竹子数不清,井冈山竹子头一名。

选自《中国新文学大系1949—1976·散文卷一》(上海文艺出版社1997年版)。略有改动。

是的，当年用自己的血和汗保卫过第一个红色政权的战士们，谁不记得井冈山上的翠竹呢？用它搭过帐篷，用它做过梭镖，用它当罐盛过水、当碗蒸过饭，用它做过扁担和吹火筒，在黄洋界和八面山上，还用它摆过三十里竹钉阵，使多少白匪魂飞魄散，鬼哭狼嗥。如今，早就不再用竹钉当武器了，然而谁又能把它们忘怀呢？

你看，那边山路上走来了两位老表，一人提着一只竹筒。这是什么？这不是红军的硝盐罐吗？要不，是给山头的红军送饭来了吧？这两只小小的竹筒，能引起老战士们多少回忆！看见它，就想起了竹筒饭的清香，想起了老表们冲过白匪封锁线冒着生命危险送上山来的粮食，想起了山上缺粮的年月，红军每天每顿只能用南瓜充饥，但是同志们仍然意气风发地唱："天天吃南瓜，革命打天下！"

　　你看那毛竹做的扁担，多么坚韧，多么结实，再重的担子也能挑得起。当年毛委员和朱军长带领队伍下山去挑粮食，不就是用这样的扁担吗？井冈山革命博物馆里，还陈列着一根写着"朱德的扁担"五个字的扁担。他们肩上挑的，哪里只是粮食？挑的是中国的无产阶级革命！我们的老一辈无产阶级革命家们，正是用井冈山毛竹做的扁担，把这一副关系全中国人民命运的重担，从井冈山出发，走过漫漫长途，一直挑到北京城。

　　毛委员和朱军长下山去了，红军下山去了，井冈山的毛竹，同井冈山人民一样，坚贞不屈。血雨腥风里，毛竹青了又黄，黄了又青，不向残暴低头，不向敌人弯腰。竹叶烧了，还有竹枝；竹枝断了，还有竹鞭；竹鞭砍了，还有深埋在地下的竹根。"野火烧不尽，春风吹又生。"一到春天，漫山遍野，向大地显露着无限生机的，依然是那一望无际的翠竹！

毛竹年年长，为的是向敌人示威：井冈山是压不倒、烧不光的，毛竹年年绿，为的是等待亲人，等待当年用竹筒盛水蒸饭、用竹钉竹枪打白匪的红军，等待自己的英雄子弟。朝也等，暮也等，等了漫长的二十年。二十年过去了，毛竹依旧是那么青翠，那么稠密，井冈山终于换了人间！

为了叫井冈山变得更快，党派来了两千好儿女，同井冈山人民一起来开发这座万宝山。他们上得山来，头一件事就是来到竹林里，依靠这青青毛竹盖房落脚。他们踩着当年老红军的脚印，攀山过岭，用竹筒盛水蒸饭。可是，看着那一眼望不到边的毛竹，成年累月地藏在深坳里，不能赶快送到那些需要它们的地方去，怎不叫人心焦！一阵风过，毛竹呼啦啦地响，好像也在焦急地叫喊："快些送我们下山去吧，莫要让我们等老了，祖国社会主义建设多么需要我们啊！井冈山上的毛竹据说有一千多万根，轮流砍伐，是永远也砍不完的。可是，怎样叫这一千多万根毛竹顺顺当当地下山去，是井冈山建设者们曾经绞尽脑汁的大事。

　　如今，你若是在井冈山许多山坳走过，便能看到一条条修长的竹滑道。它们几乎是笔直地从山顶上穿过竹林挂下山来。这便是英雄的井冈山人的业绩。他们在竹林里送走了几百个白天和黑夜，用竹滑道，用水滑道，送出了一百多万根毛竹。这一百多万根毛竹，流去了井冈山人多少汗水，是无法计算的。为了搭起滑道，他们翻越了多少陡峭的悬岩绝壁；为了找寻水路，他们踏遍了多少曲折的幽谷荒滩。冒着大风雪,二百多青年男女来到离茨坪六十多里的深山,要在那周围二十多里没有人烟的林海深处,完成砍伐三十多万根毛竹的任务。漫天风雪,封住山,阻住路,却摇撼不了人们的意志,扑灭不了人们心头的熊熊烈火。风雪一天比一天大,人们的干劲一天比一天猛,砍下的毛竹一天比一天堆得高,为竹滑道修的架在两座高山之间的竹桥,也在一天比一天往上长。杜鹃花开满山头的时节,英雄们终于唱着凯歌,欢送着亲手砍下的那三十万根毛竹,让它们沿着满山旋绕的滑道,一路欢唱着飞下山去了。

  你看,你看,这不是又一批新砍的毛竹滑下山来了吗?这些青翠的竹子,沿着细长的滑道,穿云钻雾,呼啸而来。它们滑下溪水,转入大河,流进赣江,挤上火车,走上迢迢的征途。井冈山的翠竹啊!去吧,去吧,

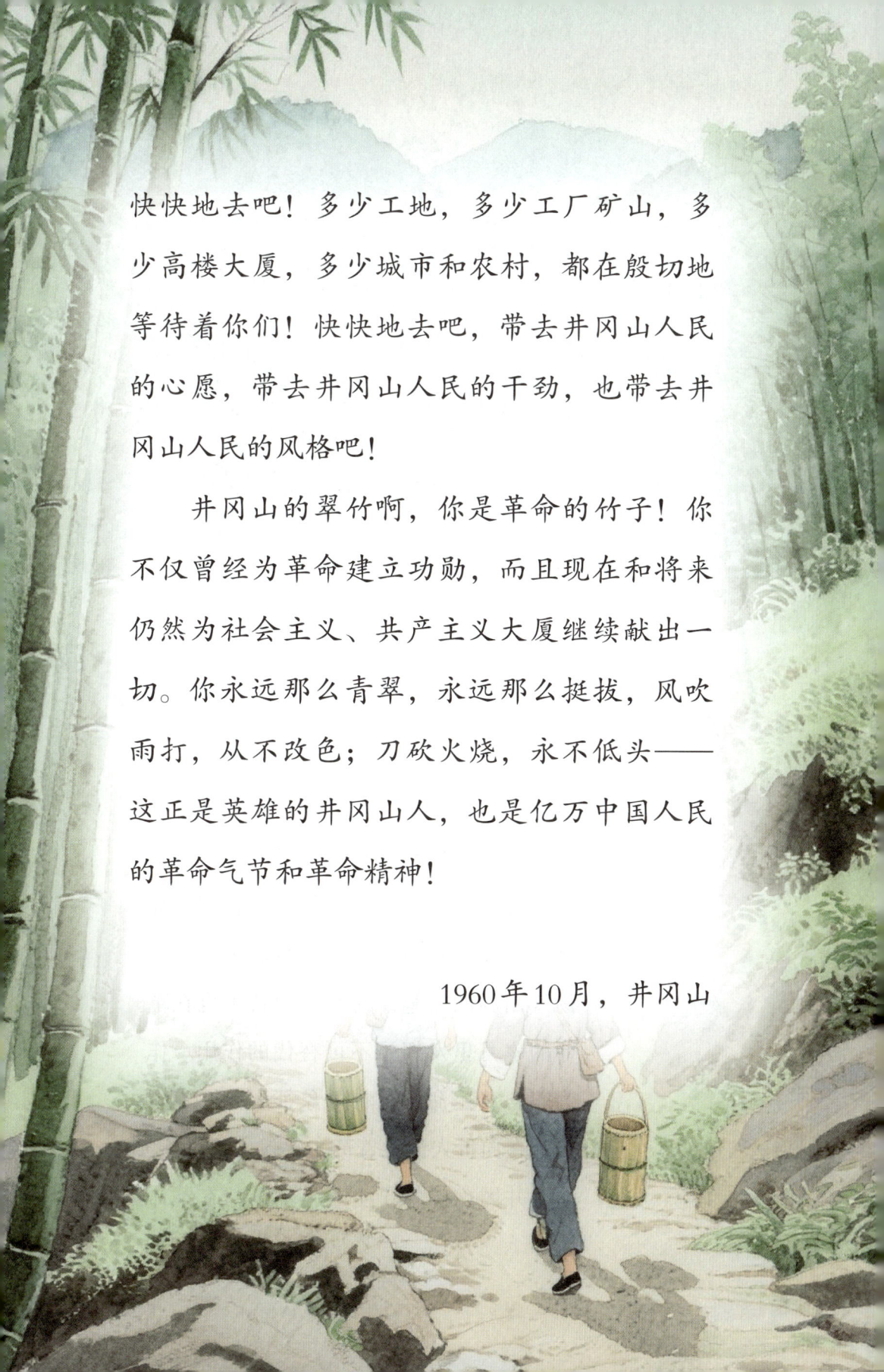

快快地去吧！多少工地，多少工厂矿山，多少高楼大厦，多少城市和农村，都在殷切地等待着你们！快快地去吧，带去井冈山人民的心愿，带去井冈山人民的干劲，也带去井冈山人民的风格吧！

井冈山的翠竹啊，你是革命的竹子！你不仅曾经为革命建立功勋，而且现在和将来仍然为社会主义、共产主义大厦继续献出一切。你永远那么青翠，永远那么挺拔，风吹雨打，从不改色；刀砍火烧，永不低头——这正是英雄的井冈山人，也是亿万中国人民的革命气节和革命精神！

1960年10月，井冈山

24 红土地上的革命竹梁

（相关课文：人教社统编语文教材七年级下册）

  每一座山，每一湾水，每一片土地，都孕育着自然之精华。在平常的日子里，自然本然如是。但当人与自然达到某种契合，自然就会彰显出它的灵异之气。江西井冈山在中国革命中留下了荡气回肠的一笔，井冈山的竹子也在革命的岁月里发挥了不可替代的作用。作为蕴含着生命与精神的象征，井冈翠竹永远在向世人诉说着革命年代的故事。

  井冈山的竹子生于自然，却在革命

井冈山革命博物馆

斗争中融入了历史脉络。在五次反"围剿"斗争中,守卫黄洋界的红军战士们和老百姓们在弹药匮乏的情况下就地取材,把竹子削成竹钉,放在马尿和山草药中浸泡,制成带毒的武器。尝过竹钉苦头的敌人怎么都弄不明白,区区一方竹片,居然具有如此大的杀伤力。一时间,井冈山的竹子只要在微风中摇摆,敌人的心就止不住地慌乱跳动。

在井冈山第一所红军医院——小井红军医院内,红军自制的医疗器械,如竹制的镊子、刀、剪、夹板等都显示着特殊情境下的智慧。很多红军战士在参军以前是

井冈翠竹

能工巧匠,井冈山的竹子到了他们手里就变成了各色艺术品,而且花样频出,让人眼花缭乱。红军战士利用竹子良好的韧性,将其放在火中烘烤,再不断弯曲变形,制成了可供生活和战斗使用的所需物品。

1928年七八月间,因湖南省委的错误主张,朱德军长率领二十八团、二十九团离开井冈山根据地,南下湘南。随后不久,为了团结和保存革命力量,毛泽东率领一个营前往桂东方向接应他们。余下的部队和一些伤员、病号留守在井冈山上。湘、赣反动军队见红军内部空虚,便乘机向山上进攻,妄图攻下井冈山。

当时驻守在井冈山的红军只有两个连的兵力。得知敌情后,中共宁冈县委按照红军的要求,领导大陇、乔林两个乡政府发出十万火急的动员令,动员群众连夜赶削竹钉。一时间,从壮年到孩童,从老人到妇女,整个根据地的人民都动员了起来。大家能为革命出力,都满是干劲,顾不上吃饭、喝水,生怕浪费了宝贵的时间。

一夜过后,从大陇、茅坪两个方向通往山上的小路,都筑起了"竹钉阵"。通向哨口的山路上连夜修筑了竹篱

井冈山五指峰

笆障碍、滚石檑木、壕沟、射击掩体等五重防线。一切准备就绪，敌人来犯时，不是被红军的机枪和手榴弹打死，便是滚到沟里被竹钉子戳伤了手脚。这一仗打得格外轻松，多亏了我们的人民群众，也多亏了我们的井冈翠竹。我们的人民饱含智慧，我们的毛竹则充满灵性。

井冈翠竹从大地上汲取着能量，在战场上为红军拼命杀敌，它曾经为革命立下汗马功劳。它的碧波万顷诉说着革命征途中不怕苦、不怕累的精神。不仅如此，它还凝聚着中国劳动人民朴实的心和灵动的智慧。今天，井冈翠竹仍然生长并且屹立在起伏的山路上，它并未沉湎于过去，它还要和新时代的劳动人民一起创造更加美好的新生活。

爱莲说

周敦颐

水陆草木之花，可爱者甚蕃。晋陶渊明独爱菊。自李唐来，世人甚爱牡丹。予独爱莲之出淤泥而不染，濯清涟而不妖，中通外直，不蔓不枝，香远益清，亭亭净植，可远观而不可亵玩焉。

予谓菊，花之隐逸者也；牡丹，花之富贵者也；莲，花之君子者也。噫！菊之爱，陶后鲜有闻。莲之爱，同予者何人？牡丹之爱，宜乎众矣。

选自《周敦颐集》卷三（中华书局2009年版）。

25 出淤泥而不染

（相关课文：人教社统编语文教材七年级下册）

"出淤泥而不染，濯清涟而不妖"，这朵莲花早已开在每个中国人的心上。它象征着君子：中通外直，不蔓不枝，外表儒雅不争，内里却极为坚韧，德行兼备，即使身处泥污，也能守定初心。

莲花别名荷花、芙蓉，更是九江市的市花，它代表了一种城市精神，更饱含了对一位先哲的纪念。

周敦颐是道州营道（今湖南道县）人，他邂逅九江，纯属偶然。周敦颐第一次到九江的时候已经45岁,他去赣州赴任的途中,初见庐山,就喜欢上这座秀美的山。此后,周敦颐时常想念庐山。他喜爱庐山北麓莲花峰一带的清雅之境,尤为喜爱从莲花洞流出的一股清泉,因为这条溪流很像他家乡的濂溪。他晚年归隐庐山后,就把这条小溪命名为"濂溪",并筑室溪畔,名曰"濂溪书堂"。他还把母亲的墓迁到了庐山,从此居濂溪书堂,授学、访友、问道。熙宁六年(1073)六月,周敦颐病逝,终年57岁,葬在其母亲墓的一侧,依然远远对着涓涓濂溪、巍巍莲花峰。

人们说,没有人比周敦颐更爱莲花了。他性若莲,

周敦颐

爱莲池中盛开的荷花

九江濂溪书院

笔下很少有污泥浊水之态。

九江有幸,因周敦颐的到来,有了爱莲池与濂溪,增添了文化厚韵。

细品《爱莲说》,《爱莲说》的主题不是贫与富。文中莲花、菊花、牡丹三物相较,给出两条取舍路径:其一,取莲而舍菊;其二,取莲而舍牡丹。文中指出众人多爱牡丹所象征的富贵,而菊花隐逸的意图则被掩盖起来。莲与菊的取舍,实际上是作者更深层的隐忧所在。究其本质,周敦颐心怀天下,秉持"有所为有所不为",当自强不息,此乃其爱莲之本意。

出淤泥而不染 175

九江爱莲池

庐山观瀑亭远眺

自此,莲花有了洁癖之性。在爱莲池畔,我们可以去看一池莲花,或者一池莲蓬,硕大的水珠在荷叶上悠然滚落,晃出阵阵清凉。我想,风过,云舒,鸟飞,荷花动,谁人能不爱这出淤泥而不染的莲花?

伤仲永

王安石

金溪民方仲永,世隶耕。仲永生五年,未尝识书具,忽啼求之。父异焉,借旁近与之,即书诗四句,并自为其名。其诗以养父母、收族为意,传一乡秀才观之。自是指物作诗立就,其文理皆有可观者。邑人奇之,稍稍宾客其父,或以钱币乞之。父利其然也,日扳仲永环谒于邑人,不使学。

余闻之也久。明道中,从先人还家,于舅家见之,十二三矣。令作诗,不能称前时之闻。又七年,还自扬州,复到舅家问焉。曰:"泯然众人矣。"

王子曰:仲永之通悟,受之天也。其受之天也,贤于材人远矣。卒之为众人,则其受于人者不至也。彼其受之天也,如此其贤也,不受之人,且为众人;今夫不受之天,固众人,又不受之人,得为众人而已耶?

选自《临川先生文集》(中华书局1959年版)。

26 天才在于勤奋

(相关课文:人教社统编语文教材七年级下册)

王安石是北宋时期著名的政治家、改革家和思想家,亦为杰出的教育家。他在熙宁变法期间,秉持"举才济世"的教育理念,推行一系列教育改革,把兴教办学作为变法的核心内容,顺势创办新学,史称"熙宁兴学"。

王安石的外祖家在抚州金溪县某村落,村里有一户姓方的人家,祖祖辈辈都是农民,并不曾识文断字。后

金溪象山公园锦绣塔

来,这户方姓人家添了个孩子,取名仲永。仲永自幼聪慧,五岁时的一天,他拿起笔,铺开纸,写下了好几行字。父亲一个字也不认识,但感觉很像村口石碑上的诗文,就疑惑着送给读书人帮忙看看这到底是什么。谁知读书人眼睛瞪得比莲蓬还大,怎么都不信诗文是仲永所写。读书人看着仲永长大,知道这娃娃确实聪慧,小眼睛总是扑闪扑闪的。读书人决定现场考考仲永,命他即兴赋诗,谁知仲永应声而诵,让读书人大为惊叹。

五岁的仲永从此成了乡间奇人。村里办喜事的人家都争相邀请仲永父子赴宴，一则可以见识神童的才学，二则也可以给自家酒席增光添彩。仲永父亲则是每请必到，这既让自己脸上添光，又可以改善生计的事，怎么着也犯不着拒绝。久而久之，仲永去的地方越来越多，赴过的宴也越来越多。方圆十里内，常能看到父子俩忙碌奔波的身影。

有一年，王安石回到家乡临川，去金溪舅舅家探亲，正好见到仲永。他忍不住也想试试这位在乡间赴宴七八年的神童到底有何异禀，便随性请他赋诗一首。仲永不知是被王安石的将相之气所镇，还是别的原因，磨蹭半天才勉强挤出一首作品，虽平仄倒是没问题，但用意却十分平常，才华较传闻中相差了一大截。

转眼又过了七年，王安石再次来到金溪舅舅家。一家人聊起家乡的变化时，无不感慨。有人告诉王安石："神童已经作不出诗，写不出对，正在家里和父亲一起耕田呢。"王安石感叹：天资再好的人，如果后天不跟进学习，终会成为一个平庸的人。

其实，王安石发出这样的评论时，想起的是自己少时的经历。

王安石出身书香世家，自幼博览群书，文思敏捷，下笔成书，尽显卓尔不群的天资。但童心自有顽劣之性，需借教育不断引导。

相传，王安石在宜黄灵谷峰鹿岗书院读书时，读到《开元天宝遗事》，也想拥有一支李白的"生花妙笔"。杜子野先生对他说："你要像李白一样，认真作文，只有当你文章里的字一个个都变成花朵，你才能得到属于你的生花妙笔。"说完，杜先生拿出五百支毛笔送给王安石，

金溪仰山书院全貌

说:"或许,你要的生花妙笔就在其中。"王安石按照杜先生的要求为之,可五百支笔都写坏了,还是没有找到"生花妙笔"。杜先生又对他说道:"只要你能有李白一样铁杵磨成针的精神,就一定可以找到生花妙笔!"在杜先生的不断鼓励下,王安石继续练习,当他写到第一千支笔时,突然感觉文思泉涌,下笔如有神助,这才理解了先生的良苦用心。

诚然,少年之心常常变动不居。少年时代的王安石喜欢舞枪弄棒,向往行侠仗义的生活,希望能习武济贫,成为大名鼎鼎的英雄。一天,附近村子里来了一群精通武艺的江湖豪侠,王安石知道后,心痒难耐,约着小伙伴溜出了书院。至于先生布置的功课,早已忘到九霄云外。他们一路上只想拜师学艺,等学成后让先生目瞪口呆、甘拜下风。可是,那些江湖豪侠只是卖艺谋食,王安石等一群毛头小伙子根本就无法接近他们,只能一路追随、一路观望。

第二天,江湖豪侠们走了,王安石的"英雄梦"也遂成泡影。他后悔自己没有厚脸皮和江湖豪侠打个招呼,心想,如果当时那么做了,也许今天就可以同江湖豪杰们一起去行侠仗义了。当大家一脸沮丧地回到书院时,先生心头怒气冲冲,从荆树上折了一根枝条就噼啪甩了过去。

先生打完,余怒未消。王安石上前解释道:"江湖豪侠一身武艺,路见不平可拔刀相助,读书之人如果还能习武必是报国之大才。"先生问:"'一人敌'和'万人敌'你选哪一个?学武,打赢一个人,叫'一人敌';学文,经时济世,治国安邦,叫'万人敌'。"

王安石默默不语,心里一直回荡着先生的话,便立志要好好读书,将来治国安邦。从此,王安石心安定下

抚州灵谷峰景区

来，成为书院学子中最勤奋的少年。

如今，无论是方仲永的故事，还是王安石和先生的故事，都成为后人谈及教育时常说起的典故。方仲永若是后天发奋读书，必能有一番作为；王安石若是未遵先生劝诫，可能会成为另一个方仲永。无论天资禀赋如何，后天不断地学习才是成才的必经之路。《诗经》中所说"如切如磋，如琢如磨"便蕴含了这亘古不变的道理。

登飞来峰

王安石

飞来山上千寻塔,闻说鸡鸣见日升。

不畏浮云遮望眼,自缘身在最高层。

27 不畏浮云遮望眼

（相关课文：人教社统编语文教材七年级下册）

《登飞来峰》是北宋文学家、政治家王安石创作的一首七言绝句。"飞来山上千寻塔，闻说鸡鸣见日升。不畏浮云遮望眼，自缘身在最高层。"诗作仅仅四句，却流溢出胜券在握的豪迈之气。

皇祐二年（1050）夏，王安石在浙江鄞县（今浙江宁波）任职期满回江西临川故里途中，经杭州写下《登飞来峰》一诗。此时，诗人虽然年近三十，但是心中不凡抱负，已跃然纸面。王安石在地方任职多年，政绩显

抚州王安石纪念馆

著，在鄞县任知县时，大修水利、借贷粮食给民户，为青苗法的推行积累了经验。嘉祐三年（1058），他撰写《上仁宗皇帝言事书》，提出变法主张，但未被宋仁宗采纳。《登飞来峰》实为一个序曲，此序曲预示着一段波澜壮阔的历史即将拉开帷幕。

如果说飞来峰连接的是王安石从浙江鄞县到江西抚州的人生节点，那么又是什么推动着王安石最终走向变法图强之路呢？不到30岁的年龄，便能铸就如此之胸襟和胆识，必然要追溯到临川王家数代人精神血脉的传承。

临川王家是北宋中期极具影响力的家族。这个家族

抚州三元楼

经过几代人的努力奋斗,至王安石官至宰相,实现了华丽转身,成为名震四方的显赫望族。

王家最早有姓名可考的祖先是王安石的曾祖王明,他官至尚书职方员外郎。其家族凭借经济基础与北宋重文风尚,逐步培养子弟科举入仕,后世子孙的政治成就,也让王明被追封为"太师",有力地推动了整个家族的地位提升。

咸平三年(1000),王明的儿子王贯之中进士。王贯之为官之后,担任过主簿、判官、知县、知州、通判等地方官职务，政绩昭著，以"能吏"闻名。王贯之的侄子，即王安石的父亲王益也是一位"能吏"。到王安石，王家三代都是"能吏"。

王益是一位清官，经常被调任，每次都是携家眷同行，一家人因此过着四海为家的生活。每次家人共聚，王益总是向孩子们讲述孝悌仁义的故事和道理，以及国家兴衰的历史，少年时代的王安石无形之中也感受到了父亲对自己的影响。读万卷书、行万里路在王安石的成长世界里以一种独特的形态呈现出来。

多次搬迁使得家计渐窘，如遇灾祸之年，还要从并不宽裕的家里拿出财物来救济百姓。即便如此，王母吴氏从未有过怨言。王母吴氏出身诗书气氛浓厚的家庭，养成了知书识礼的品性。吴氏的见识、学识和道德品质，不仅为王安石提供了良好的家庭教育，而且培养了他厚朴刚健的处世风格。

在"随风潜入夜，润物细无声"的家庭教育和家风熏陶下，王安石幼年时就阅读了大量的经典，五六岁时已经可以熟练地背诵《诗经》和《论语》，到了十一二岁的时候已经能够写出一手漂亮的文章和诗词。闭门读书的少年生活，为他后来的文学道路和仕途发展打下极为坚实的基础。

经过几代人的接力奋进，到了王安石这一辈，王家的发展进入了"井喷"时期。"六十九年中，登进士者八人，临川王氏之才盛矣。"王家的八位进士之中，以王安石、王安礼、王安国三兄弟的文名最著，世称"临川三王"。

临川王家通过不懈地努力，实现了家族的兴盛。从读书人的儒者风范到治国安邦之才，几代人都在不断提升品格的路上实现自我超越。当王安石伫立飞来峰顶，他胸怀着的是治国理政的广阔格局和高瞻远瞩的革新蓝图。

庐山草堂记

白居易

匡庐奇秀，甲天下山。山北峰曰香炉峰，峰北寺曰遗爱寺，介峰寺间，其境胜绝，又甲庐山。元和十一年秋，太原人白乐天见而爱之，若远行客过故乡，恋恋不能去。因面峰腋寺作为草堂。明年春，草堂成。三间两柱，二室四牖，广袤丰杀，一称心力。洞北户，来阴风，防徂暑也。敞南甍，纳阳日，虞祁寒也。木斫而已，不加丹；墙圬而已，不加白。磩阶用石，幂窗用纸，竹帘纻帏，率称是焉。堂中设木榻四，素屏二，漆琴一张，儒、道、佛、书各三两卷。

乐天既来为主，仰观山，俯听泉，傍睨竹树云石，自辰及酉，应接不暇。俄而物诱气随，处适内和。一宿体宁，再宿心恬，三宿后颓然嗒然，不知其然而然。自问其故。答曰：是居也，前有平地，轮广十丈；中有平台，半平地；台南有方池，倍平台。环池多山竹野卉，池中生白莲、白鱼。又南抵石涧，夹涧有古松、老杉，大仅十人围，高不知几百尺。修柯戛云，低枝拂潭，如幢竖，如盖张，如龙蛇走。松下多灌丛，萝茑叶蔓，骈织承翳，日月光不到地，盛夏风气如八九月时。下铺白石，为出入道。堂北五步，据层崖积石，嵌空垤塊，杂木异草，盖覆其上。绿阴蒙蒙，朱实离离，不识其名，四时一色。又有飞泉植茗，就以烹燀。好事者见，可以销永日。堂东有瀑布，水悬三尺，泻阶隅，落石渠，昏晓如练色，夜中如环珮琴筑声。堂西倚北崖右趾，以剖竹架空，引崖上泉，脉分线悬，自檐注砌，累累如贯珠，霏微如雨露，滴沥飘洒，随风远去。其四傍耳目杖屦可及者，春有锦绣谷花，夏有石门涧云，秋有虎溪月，冬有炉峰雪：阴晴显晦，昏旦含吐，千变万状，不可殚纪，覼缕而言，故云甲庐山者。

噫！凡人丰一屋，华一箦，而起居其间，尚不免有骄稳之态。今我为是物主，物至致知，各以类至，又安得不外适内和，体宁心恬哉？昔永、远、宗、雷辈十八人，同入此山，老死不返，去我千载，我知其心以是哉！矧予自思：从幼迨老，若白屋，若朱门，凡所止，虽一日二日，辄覆篑土为台，聚拳石为山，环斗水为池，其喜山水，病癖如此。一旦蹇剥，来佐江郡。郡守以优容而抚我，庐山以灵胜待我。是天与我时，地与我所，卒获所好，又何以求焉？

尚以冗员听羁,馀累未尽,或往或来,未遑宁处。待予异时弟妹婚嫁毕,司马岁秩满,出处行止,得以自遂;则必左手引妻子,右手抱琴书,终老于斯,以成就我平生之志。清泉白石,实闻此言。

时三月二十七日,始居新堂。四月九日,与河南元集虚、范阳张允中、南阳张深之,东西二林长老凑、朗、满、晦、坚等凡二十有二人,具斋施茶果以落之。因为《草堂记》。

28 匡庐奇秀甲天

（相关课文：齐鲁版七年级《传统文化》）

白居易在《庐山草堂记》中赞美庐山，"匡庐奇秀，甲天下山"。元和十年（815）夏，主张削藩的宰相武元衡，遭藩镇势力被刺杀于长安，朝野震动。此时，任左拾遗的白居易直言上谏，要求缉拿凶犯以振朝威。此举遭权贵记恨，他本人也受到排挤，被贬为江州司马，开启了在九江长达五年的贬居生活。历经了沉浮的诗人看清

了朝廷的腐败,在《琵琶行》一诗中,他曾对琵琶女产生"同是天涯沦落人"的沧桑感慨。被贬九江期间,他探访庐山,宿东林寺,与庐山结下了深厚的缘分。

白居易住在浔阳城的第二年,即元和十一年(816)的秋天,他第一次登上了离浔阳城几十里远的庐山,并在东林寺小住数日。山间奇峰耸峙,佛殿云雾缭绕,野猿穿梭,山鸟啼鸣,白居易感到美不胜收,神醉心迷。特别是在香炉峰北、遗爱寺南,介于峰寺之间的那一方天地,更让白居易觉得"其境胜绝","若远行客过故乡,恋恋不能去"。因此,他决定在庐山建座草堂,打算将来终老于此。次年春天,草堂落成,这座新居"五架三间新草堂,石阶桂柱竹编墙。南檐纳日冬天暖,北户迎风夏月凉"。元和十二年(817),白居易搬进草堂。随即,他邀请了河南的元集虚、范阳的张允中、南阳的张深之、东西二林寺的长老等22位好朋友前来做客,设斋饭茶果,吟诗品茗,举行了简单的庆祝仪式。白居易为记下自己欣喜的心情,奋笔写下了著名的篇章《庐山草堂记》。

仁者乐山,智者乐水。都城长安没有这等美妙之景。在山水之间建一座草堂,读书写诗,安置身心,精神闲适愉快。"何以洗我耳,屋头落飞泉。何以净我眼,砌下

匡庐奇秀甲天 197

庐山

〔清〕石涛《庐山草堂图》

生白莲。左手携一壶,右手挈五弦。傲然意自足,箕踞于其间。兴酣仰天歌,歌中聊寄言。"居住在这里,白居易仰观山,俯听泉,旁瞰竹树云石。住上一天,精神舒畅安宁;住上两天,身心恬美通泰;住上三天,感觉妙不可言。如此天地人和,夫复何求?白居易难掩兴奋,忙写信给元稹,分享此地的美妙景致。"封题之时,不觉欲曙。举头但见山僧一两人,或坐或睡。又闻山猿谷鸟,哀鸣啾啾。"

境由心造,心随境换。草堂窗外的风景,确实让人沉醉忘我。草堂内的家具陈设,则是让人清心寡欲。白居易的草堂装饰,奉行"极简"装饰。堂中设四个木榻,两扇素屏,一张漆琴。另有儒、道、佛书各三两卷。建房所用的木材,仅用斧子砍削成形,不再用油漆彩绘。墙壁涂上泥巴即可,不再用石灰粉刷。砌台阶所用的石头是捡来的,窗户用白纸糊成,帘子用竹子编成,帐幕用麻布织就。可谓简洁又环保。

《庐山草堂记》的第三、四、五段是全文的核心所在。作者叙述了他住在草堂时"外适内和,体宁心恬"之感及其原因,通过自问自答,抒发了自己对山水的热爱和希望终老草堂的心愿。诗人在这里观赏景色,由早至晚,心气随着景物变化而舒展。他住了几个晚上之后,感到心境恬淡,不思荣利,简直到了物我两忘的境地,正如文中"颓然嗒然,不知其然而然"。往下的"自答"部分,他详细生动地描绘了草堂附近的景物:草堂南边的方池夹涧、古松老杉,草堂北边的层崖积石、玲珑土丘、杂木细草,草堂东边的瀑布流水,草堂西边的剖竹引泉。再配以四季之中草堂四旁的花、云、月、雪诸种景观,真是千姿百态,美不胜收,令人难以忘怀。

白居易的青壮年时代,都是在宦海风波中度过的,

庐山白居易草堂

他似乎觉得只有在庐山,才获得了青春的欢乐,乐天安命的思绪也随之而生。草堂建成后,他坐轿骑马往返于浔阳与庐山,在草堂居住的时日越来越多。

元和十三年(818)十二月,白居易被任命为忠州刺史。这时白居易的内心喜忧参半,喜的是他获得了报效国家、施展才华的机会,忧的是即将离开秀美的庐山了。看着亲自设计的庐山草堂,亲手栽下的花木,他依依不舍,情不自禁地写下了这首情思缠绵的诗:"三间茅舍向山开,一带山泉绕舍回。山色泉声莫惆怅,三年官满却归来。"第二年新年一过,白居易全家从浔阳城坐船溯江而上。庐山的日日夜夜让白居易梦牵魂绕。长庆二年(822)二月,白居易任杭州刺史,在赴任途中,路过江州,他又一次上到庐山,来到阔别了三年的草堂。那里的书房、药台、竹窗、莲池还和当年一模一样,草堂周围的景色,依旧十分动人。白居易特地在草堂留宿一晚,第二天才返回江州,继续赶路。此后,他再也没能重返草堂。即使到了古稀之年,白居易对庐山的怀念还是那样的真切、深沉。

每一座草堂都有故事,杜甫求安居,白居易寻解脱,王维寄情山水,李白则为待时而动。在那些失意的日子里,草堂就是慰藉诗人心灵的港湾,只有回到这里,方能眉头稍展。如今,好事者在今天的如琴湖畔新建了一座庐山草堂。穿过花径,我们走到草堂去。房屋小小的,房前院子的池塘边种满了鲜花,洁净无尘。这时候,云影微破,金黄色的阳光洒了下来,穿过梧桐的枝叶,留下了满庭稀疏的日影,婆娑斑驳。我们仿佛听到白居易在轻念陶渊明的诗句:"此中有真意,欲辨已忘言。"

浣溪沙

晏殊

一曲新词酒一杯,去年天气旧亭台。夕阳西下几时回? 无可奈何花落去,似曾相识燕归来。小园香径独徘徊。

选自《二晏词笺注》(上海古籍出版社2008年版)。

29 似曾相识燕归来

（相关课文：人教社统编语文教材八年级上册）

晏殊（991—1055），字同叔，南昌市进贤县文港镇人，北宋著名的政治家、文学家。晏殊自幼聪颖，14岁被赐予同进士出身，历任秘书省正字、光禄寺丞、尚书户部员外郎等职。

景德元年（1004），江南安抚使张知白来抚州巡视时听闻晏殊生来天赋异禀，7岁就能作诗，立即将晏殊招来面试。晏殊虽年幼，却机敏过人、对答如流，果然名不虚传。惜才的张知白便将

抚州名人雕塑园中的晏殊雕像

晏殊推荐给了朝廷。次年,恰逢朝廷开科取士,14岁的晏殊与千余名考生一同参加殿试。考场之上,晏殊面对这些在年龄上称得上是他兄长、伯叔乃至祖父的竞争对手时,他毫无怯场之态。他沉稳作答,"神气不慑,援笔立成",宋真宗对他赞赏有加,赐其同进士出身。

两天后是诗、赋、论的复试,晏殊发现考题恰好是他曾经研习过的,就上奏宋真宗说:"臣尝私习此赋,请

进贤金山寺

试他题"。宋真宗觉得这位少年很独特且老实厚道,也想看看他的真实水平,于是命人重新出题。晏殊再次拿到题目后,略作思考,便引经据典、文思泉涌,一篇精彩的文章顷刻而就。他的诚实与才华得到了宋真宗的欣赏,殿试过后,晏殊被赐予秘书省正字,并留在秘阁读书深造。

晏殊以词著于文坛,尤擅小令,风格含蓄婉丽,他与其第七子晏几道分别被称为"大晏"和"小晏",又与欧阳修合称"晏欧"。晏殊的词,闲适中透着典雅,婉约中略带哀愁,常将理性之思融入抒情叙写。"一曲新词酒一杯,去年天气旧亭台。夕阳西下几时回? 无可奈何花落去,似曾相识燕归来。小园香径独徘徊。"这首大家耳熟能详的《浣溪沙》(一曲新词酒一杯),虽含伤春惜时之意,实为感慨抒怀之作,悼惜残春,感伤年华的飞逝,还暗寓怀人之意。全词语言圆转流利,通俗晓畅,清丽自然,意蕴深沉,启人神智,耐人寻味……

晏殊身居高位多年,唯贤是举。范仲淹、王安石、欧阳修均出自他的门下,韩琦、富弼等也经他栽培引荐而得以施展才华。此外,他还提倡兴办教育,力邀范仲淹讲学。

进贤军山湖

进贤青岚湖

　　至和二年（1055），晏殊在开封病逝。他一生写尽人间悲欢，却将最深的感悟凝成辞章，融进"一曲新词酒一杯，去年天气旧亭台"的怅惘。

归园田居（其三）

陶渊明

种豆南山下，草盛豆苗稀。
晨兴理荒秽，带月荷锄归。
道狭草木长，夕露沾我衣。
衣沾不足惜，但使愿无违。

30 种豆南山下

（相关课文：人教社统编语文教材八年级上册）

陶渊明虽是诗人，但天还没亮的时候已经在南山脚下打理自己种的豆子；尽管他种的豆子长得不好，杂草太多且豆苗稀疏，但他依旧从清晨起身直到月亮升起，才扛着锄头回家；狭窄的水路被草木遮蔽，傍晚的露水打湿了他的衣裳；可这有什么关系，只要他坚守归隐田园的心意就好。

陶渊明喜欢大自然，喜欢恬淡的生活，他是那样可敬，透着人性的光辉和对自然的热爱。人生行至终点，就是放下心中的忧虑，

庐山田园风光

卸下沉重的负担,恰似一茎豆秸,承载岁月的痕迹。

在诗歌里,陶渊明把自己活成了那个扛着锄头劳作的农人。他说"衣食当须纪,力耕不吾欺",人好好地劳作,苍天不会辜负你,必定有收获。

有的时候,世界上朴素的道理也往往是最容易被人忽略的。在魏晋风行标榜清高的风气里,人人都说不要

名利，但或许只有陶渊明的"归来"才是真正的"归来"。难怪苏轼才那么推崇陶渊明，说他要养家的时候就出去做官，真正归隐的时候又不矜夸，非常真实。

  陶渊明不是一个好农民，辛苦付出换得"草盛豆苗稀"。但是他失败吗？不，他显然是一位罕见的经营人生的大成者。因为他说："道狭草木长，夕露沾我衣。衣沾不足惜，但使愿无违。"他不光农活干得累，回来的路上也很辛苦，道路两边杂草丛生，露水沾湿了他的衣衫，衣衫被沾湿并不可惜，只要不违背自己的心愿，他就能活出一片自我的真天地。陶渊明还不成功吗？

  庐山南麓有一座小村庄叫栗里，那里是陶渊明的故乡。栗里有一座柴桑桥，据说陶渊明总爱在桥头纳凉，顺便洗一洗他那把满是泥土的锄头。原野上的月亮白得洁净，陶渊明一点点地隐没在月色中，让人不禁想起了这两诗："衣沾不足惜，但使愿无违。"

五柳先生传

陶渊明

先生不知何许人也,亦不详其姓字,宅边有五柳树,因以为号焉。闲静少言,不慕荣利。好读书,不求甚解;每有会意,便欣然忘食。性嗜酒,家贫不能常得。亲旧知其如此,或置酒而招之;造饮辄尽,期在必醉。既醉而退,曾不吝情去留。环堵萧然,不蔽风日;短褐穿结,箪瓢屡空,晏如也。常著文章自娱,颇示己志。忘怀得失,以此自终。

赞曰:黔娄之妻有言:"不戚戚于贫贱,不汲汲于富贵。"其言兹若人之俦乎?衔觞赋诗,以乐其志。无怀氏之民欤?葛天氏之民欤?

选自《陶渊明集》(人民文学出版社1983年版)。

31
隐逸诗宗的另类简功

（相关课文：人教社统编语文教材八年级下册）

陶渊明之贫，今天我们很难想象陶渊明究竟贫到何种程度，但从他说的"环堵萧然，不蔽风日；短褐穿结，箪瓢屡空"便可知晓。

陶渊明并非普通人家出身，而是官宦世家子弟。陶渊明的曾祖父陶侃，为东晋王朝的名将，一度权倾朝野。因此，陶渊明绝非寻常意义上的穷人。为什么陶渊明说"余家贫，耕植不足以自给"呢？

陶渊明生活在东晋末年，时局动荡，战乱频繁，社会经济受到严重影响。在陶渊明

九江白鹿洞书院

的曾祖父陶侃去世后，几个儿子都在官场上难继辉煌。至于陶渊明的父亲，更是在陶渊明小的时候就去世了，这成了陶渊明自称"家贫"的缘由。但这种"落魄"只是相对于世家大族而言，陶渊明早年其实是不愁吃喝的。

年轻时，陶渊明一心想在官场上出人头地，然而当时陶家已经失去了在政界的影响力，再加上其并非传统意义上的世族，那些根基深厚的世家大族瞧不起陶家，

因此陶渊明在官场上举步维艰。好在陶家还得到了一些门生故吏的帮扶,因而陶渊明的仕途起点还是比较高的,初入仕就出任江州祭酒,后历任镇军参军、建威参军,还做过彭泽县令。他为了坚守自己做人、为官的原则,就任彭泽县令80多天便弃职离去,从此归隐田园,成为"隐逸诗人之宗""田园诗派之祖"。

穷得有道理、穷得有分寸、穷得有骨气,陶渊明便是如此。人生至此,所得不过得,所失不过失,吃饭、喝酒、读书、写诗、行游,历艰辛,沉浮自安。

《五柳先生传》里塑造的"五柳先生"这一形象,不仅是作者对自身生活的写照,更是对一种超然物外、安贫乐道的人生哲学的颂扬,尽显陶渊明独特的人格魅力和精神追求。陶渊明在文章中以读书、饮酒、写文章三件事塑造出一个真实的自我。他懂得塑造自己,但没有一点世俗杂念。五柳先生虽贫,却得到大欢喜。当春对酒时他开心,"悠然见南山"时他也开心,他欢喜的原因就像唐代诗人王建所言"田家衣食无厚薄,不见县门身即乐"。《五柳先生传》在写作上的最大特点是多用否定词,"不"字为通篇眼目。"先生不知何许人也,亦不详其姓字。"钱锺书先生说,哪有自传不晓得自己姓名和籍贯的人,五柳先生其实是在与彼时追名逐利、矫揉造作

隐逸诗宗的另类简功　　217

彭泽狄公楼

彭泽上十岭景区

者唱反调,突显了与世俗的格格不入,坚守高洁志趣和独立人格。

陶渊明的一生,贫而守志,隐而有光,为后世留下了精神富矿。

桃花源记

陶渊明

晋太元中,武陵人捕鱼为业。缘溪行,忘路之远近。忽逢桃花林,夹岸数百步,中无杂树,芳草鲜美,落英缤纷。渔人甚异之。复前行,欲穷其林。

林尽水源,便得一山,山有小口,仿佛若有光。便舍船,从口入。初极狭,才通人。复行数十步,豁然开朗。土地平旷,屋舍俨然,有良田、美池、桑竹之属。阡陌交通,鸡犬相闻。其中往来种作,男女衣着,悉如外人。黄发垂髫,并怡然自乐。

见渔人,乃大惊,问所从来。具答之。便要还家,设酒杀鸡作食。村中闻有此人,咸来

选自《陶渊明集》卷六(中华书局1979年版)。

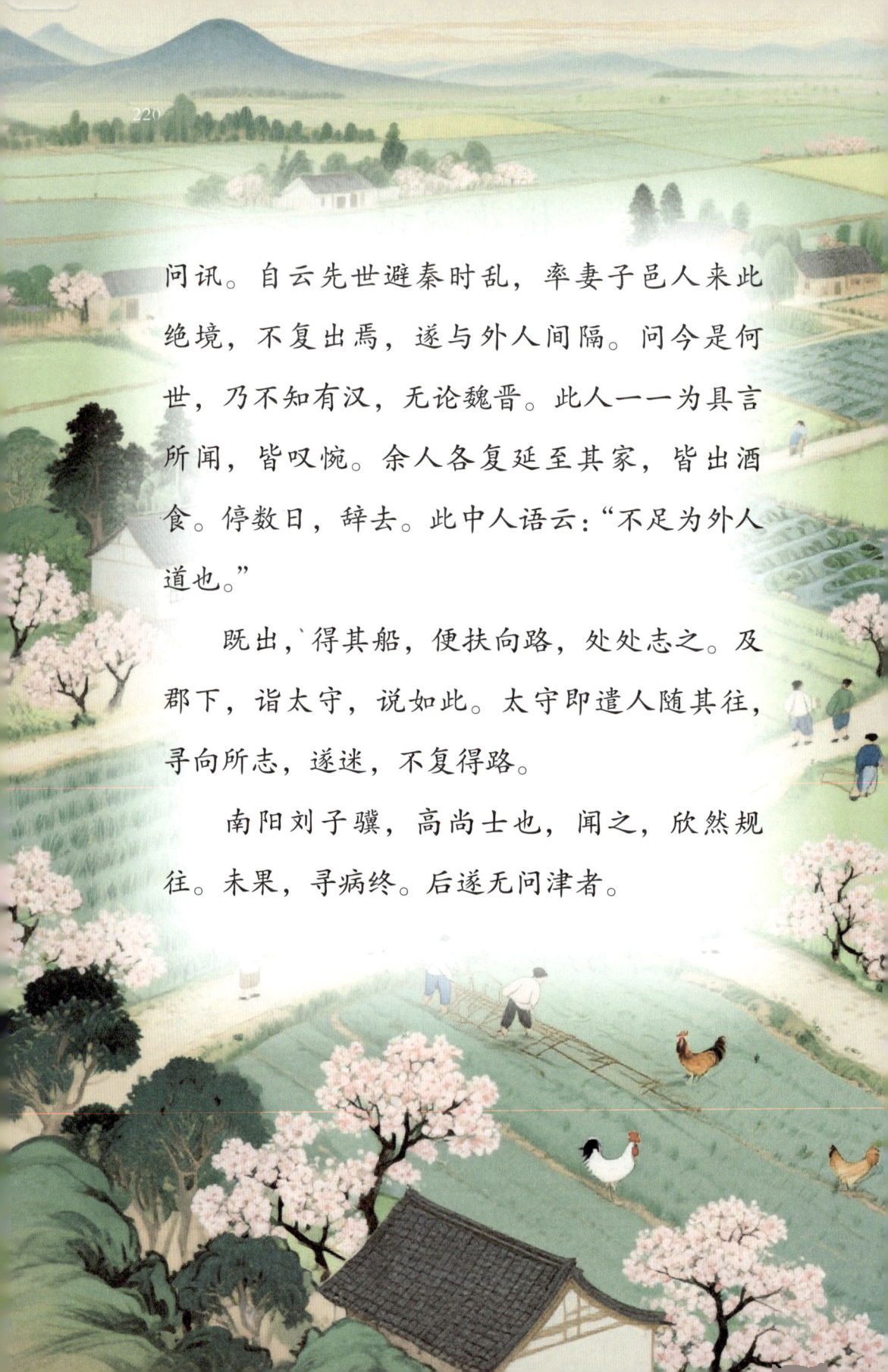

问讯。自云先世避秦时乱,率妻子邑人来此绝境,不复出焉,遂与外人间隔。问今是何世,乃不知有汉,无论魏晋。此人一一为具言所闻,皆叹惋。余人各复延至其家,皆出酒食。停数日,辞去。此中人语云:"不足为外人道也。"

既出,得其船,便扶向路,处处志之。及郡下,诣太守,说如此。太守即遣人随其往,寻向所志,遂迷,不复得路。

南阳刘子骥,高尚士也,闻之,欣然规往。未果,寻病终。后遂无问津者。

32 探寻中国理想社会的第一名篇

（相关课文：人教社统编语文教材八年级下册）

每个人心中都有一个桃花源。

那条清溪伴着牧童的笛音潺潺而来。桃花下的椋鸟顾影自怜，时常俯身端详溪中俏影。在康王谷，我们总能一次次与诗人陶渊明相遇，他的诗自然、恬淡、朴实，读上一首，仿佛都能听到淙淙的溪声。

桃花源是一个美丽的地方，这里"芳草鲜美，落英缤纷"。桃

〔清〕黄慎《桃花源图》（局部）

花源又不仅是一个地方，更是一种状态、一份心境。当我们读到"土地平旷，屋舍俨然，有良田、美池、桑竹之属。阡陌交通，鸡犬相闻"时，我们的内心也会从喧哗走向宁静，完成一场诗意的回归。

人生境界，或如江河洋洋归于大海，海上生明月，静而阔大，浩渺一片；或如沿溪而行，上到深林白云间，山色空蒙，而后豁然开朗。

历代文人无数次渲染陶渊明的形象后，他的生活渐渐演变成一种人们梦寐以求的理想生活。世外桃源更升华为一种理想社会。在这个世界里，"黄发垂髫，并怡然自乐",一切都显得那么美好、和谐,与魏晋时期的战乱、纷争形成鲜明的对比。这种叙事手法既富有想象力,又极具感染力,读者结合历史来看,可以在阅读中烙下深刻的印记。

在庐山康王谷,我们可以找到一个现实版的桃花源,它隐于庐山大汉阳峰下,相传是战国时期楚王后裔——康王避秦乱而藏身的宝地,也是庐山第一长峡谷。溯着一条溪水走进峡谷,经过一个村庄,可以看到农人在酿酒,那是纯稻谷酒。农人设酒杀鸡作食,新酒香浓,一闻便醉。多少人醉后不愿意醒来,陶渊明便是如此,豁

庐山康王谷

达的时候需要酒,宁静的时候,酒也在身边。无论张扬或内敛,都如同美酒,泛着流光。

最暖不过人间烟火里的桃花源。"宜居宜游"就是陶渊明所追求的自由与快乐,而这份寻常的自由与快乐,正是"大同世界"朴素思想的现实表现。桃花源的生活不玄幻、不缥缈,而是来自人们对顺应自然、和谐美好生活的追求和向往。从桃花源的自然环境到桃花源的生活场景,从桃花源中人的"悉如外人"到桃花源中人"怡然自乐"的生活状态,陶渊明笔下的桃花源给世人描绘了一个优美宁静的自然景象、富足安定的生活景象、淳朴和谐的人际景象。

其实我们每个人心中都有一个桃花源。而陶渊明的故乡——江西九江,或许就是那个我们心心念念的、梦里的桃花源。

过零丁洋

文天祥

辛苦遭逢起一经,干戈寥落四周星。

山河破碎风飘絮,身世浮沉雨打萍。

惶恐滩头说惶恐,零丁洋里叹零丁。

人生自古谁无死?留取丹心照汗青。

选自《文天祥诗集校笺》卷十(中华书局2017年版)。

33 留取丹心照汗青

（相关课文：人教社统编语文教材九年级下册）

文天祥（1236—1283），字履善，又字宋瑞，号文山。吉州庐陵（今江西吉安）人，南宋政治家、文学家。至元十五年（1278），文天祥被元军所俘。次年，他途经零丁洋时，写了这首诗。

至元十六年（1279）正月初六，元军水师从潮阳启程，向崖山方向进发，他们还把囚禁的文天祥也带上了。当船队航行到广东珠江口外的零丁洋时，文天祥望向窗外，不由得想起了故乡赣江十八滩中的惶恐滩，想

吉安文天祥纪念馆

起20多年前求学苦读的往事，想起这些年颠沛流离、壮怀激烈的战斗经历，想起同甘共苦的战友和亲人……他心潮起伏，提笔一气呵成写下七律《过零丁洋》："辛苦遭逢起一经，干戈寥落四周星。山河破碎风飘絮，身世浮沉雨打萍。惶恐滩头说惶恐，零丁洋里叹零丁。人生自古谁无死？留取丹心照汗青。"

　　文天祥出生时，南宋和蒙古的战争已经拉开序幕，所幸战火尚未波及庐陵。文天祥的父亲文仪喜爱读书，也很重视孩子们的学业，聘请名师教育孩子们。文天祥与兄弟无论寒暑，都在贴满格言警句的书斋诵读、写作、谈古论今。在文天祥的心中，广阔世界的认知早已在心

吉安白鹭洲书院

底扎根,他渴望一步步融入家国大义。

少年文天祥对精忠报国的先贤满怀仰慕。看到私塾里供奉的"庐陵四忠"欧阳修、杨邦乂、胡铨、周必大的画像,他凝视"忠"字谥号,默默立下效仿之志。

带着儒家天生的文化基因,文天祥在壮志和诚挚中成长。天资加上勤奋的学习和思考,21岁的他参加殿试并成为状元郎。然而,正当文天祥有机会施展报国救民的宏愿时,父亲文仪却突染疫毒痢,不幸病故。安葬好父亲后,文天祥在父亲的墓地旁盖了三间草屋,草屋周围种满了竹子,门楣上挂着父亲亲笔题写的"竹居"木匾,门旁挂着一副对联,上联是"一等人忠臣孝子";下联是"两件事读书耕田"。

丁忧期满,文天祥入朝为官、主政地方,始终怀着忧国忧民的情怀和安邦济世的壮心。任瑞州(今江西高安)知州时,为了让百姓休养生息,文天祥公布法令,严惩不法之徒。同时,他还创设"便民库",由官府拿出钱来,供百姓借贷和救济之用。

至元十二年(1275),元军大举南侵,南宋丞相贾似道统领的13万大军在丁家洲之战中惨败。文天祥接到《哀痛诏》时"捧诏涕泣"。三天后,文天祥立即"移檄诸路,聚兵积粮",着手部署抗元事宜。为解决军饷的难

文天祥雕像

题,文天祥毅然变卖家产,纾解国难。他的母亲、妻子、儿女也都深明大义,全力支持以家产充作军饷。

至元十四年(1277)五月,文天祥率兵进入江西,在雩都县(今江西于都)大败元军,收复兴国、吉州等地,一时声威大震。但元军旋即大举反攻,他的妻儿和幕僚不幸被俘。

至元十五年(1278),文天祥率领残部转战广东南岭一带。12月,在五坡岭(今广东海丰)不幸被俘。由于不肯投降,忽必烈下令将他押往大都燕京。至元二十年(1283),忽必烈召见文天祥,他想为劝降作最后的努力。文天祥直言:"愿赐之一死足矣。"次日,文天祥被押解到大都城南的柴市刑场。行刑时,监斩官问文天祥:"你还有什么话要说?回奏还能免死。"文天祥喝道:"死就死,还有什么可说的?"文天祥问明南方方向,向南方跪拜,道:"我的事情完结了,心中无愧了!"于是从容就义。

文天祥死后,人们在他的衣带中发现一段话:"孔曰成仁,孟曰取义,唯其义尽,所以仁至。读圣贤书,所学何事?而今而后,庶几无愧。"

琵琶行并序

白居易

　　元和十年，予左迁九江郡司马。明年秋，送客湓浦口，闻舟中夜弹琵琶者，听其音，铮铮然有京都声。问其人，本长安倡女，尝学琵琶于穆、曹二善才，年长色衰，委身为贾人妇。遂命酒，使快弹数曲。曲罢悯然，自叙少小时欢乐事，今漂沦憔悴，转徙于江湖间。予出官二年，恬然自安，感斯人言，是夕始觉有迁谪意。因为长句，歌以赠之，凡六百一十六言，命曰《琵琶行》。

　　浔阳江头夜送客，枫叶荻花秋瑟瑟。主人下马客在船，举酒欲饮无管弦。醉不成欢惨将别，别时茫茫江浸月。

　　忽闻水上琵琶声，主人忘归客不发。寻声暗

选自《白居易集笺校》卷十二（上海古书籍出版社1988年版）。

问弹者谁,琵琶声停欲语迟。移船相近邀相见,添酒回灯重开宴。千呼万唤始出来,犹抱琵琶半遮面。转轴拨弦三两声,未成曲调先有情。弦弦掩抑声声思,似诉平生不得志。低眉信手续续弹,说尽心中无限事。轻拢慢捻抹复挑,初为《霓裳》后《六幺》。大弦嘈嘈如急雨,小弦切切如私语。嘈嘈切切错杂弹,大珠小珠落玉盘。间关莺语花底滑,幽咽泉流冰下难。冰泉冷涩弦凝绝,凝绝不通声暂歇。别有幽愁暗恨生,此时无声胜有声。银瓶乍破水浆迸,铁骑突出刀枪鸣。曲终收拨当心画,四弦一声如裂帛。东船西舫悄无言,唯见江心秋月白。

　　沉吟放拨插弦中,整顿衣裳起敛容。自言本是京城女,家在虾蟆陵下住。十三学得琵琶成,名属教坊第一部。曲罢曾教善才伏,妆成每被秋娘妒。五陵年少争缠头,一曲红绡不知数。钿头银篦击节碎,血色罗裙翻酒污。今年欢笑复明年,秋月春风等闲度。弟走从军阿姨死，暮去朝来颜色故。门前冷落鞍马稀，老大嫁作商人妇。商人重利轻别离，前月浮梁买茶去。去来江口守空船，绕船月明江水寒。夜深忽梦少年事，梦啼妆泪红阑干。

我闻琵琶已叹息，又闻此语重唧唧。同是天涯沦落人，相逢何必曾相识。我从去年辞帝京，谪居卧病浔阳城。浔阳地僻无音乐，终岁不闻丝竹声。住近湓江地低湿，黄芦苦竹绕宅生。其间旦暮闻何物，杜鹃啼血猿哀鸣。春江花朝秋月夜，往往取酒还独倾。岂无山歌与村笛，呕哑嘲哳难为听。今夜闻君琵琶语，如听仙乐耳暂明。莫辞更坐弹一曲，为君翻作《琵琶行》。

感我此言良久立，却坐促弦弦转急。凄凄不似向前声，满座重闻皆掩泣。座中泣下谁最多？江州司马青衫湿。

34 琵琶声里天涯泪

（相关课文：人教社统编语文教材高中必修上册）

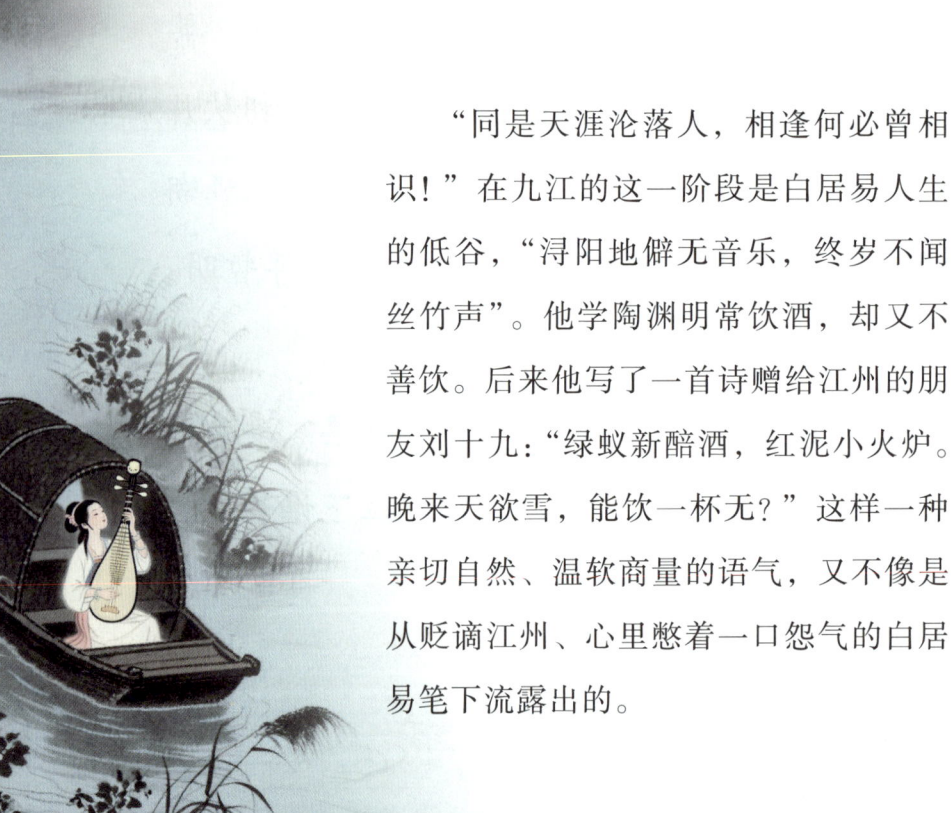

"同是天涯沦落人，相逢何必曾相识！"在九江的这一阶段是白居易人生的低谷，"浔阳地僻无音乐，终岁不闻丝竹声"。他学陶渊明常饮酒，却又不善饮。后来他写了一首诗赠给江州的朋友刘十九："绿蚁新醅酒，红泥小火炉。晚来天欲雪，能饮一杯无？"这样一种亲切自然、温软商量的语气，又不像是从贬谪江州、心里憋着一口怨气的白居易笔下流露出的。

九江琵琶亭

其实刚到江州时,白居易确实觉得这里荒蛮僻远,到处都是黄芦苦竹,而且他到江州不久,就遇到了罕见的寒潮。这样一种荒寒,恰恰见证了他人生中最珍贵的相遇。"九江十年冬大雪,江水生冰树枝折。"白居易在给元稹的信中写道:"浔阳腊月,江风苦寒,岁暮鲜欢,夜长无睡。引笔铺纸,悄然灯前。有念则书,言无次第。勿以繁杂为倦,且以代一夕之话也。微之微之!知我心哉!"

九江是一座有倒影的城,江水和庐山、光阴和屋舍、青衫和云溪,水是这座城市的表情。九江城所处的地势不高,似乎保持着对周边事物的敬意,高的东西应该是

庐山、云朵、古塔和寺院,还有白居易这样的伟大诗人。我们不难想象白居易此时的郁结,但正是九江这座小城拯救了白居易。在水的恬淡和山的明秀中,浔阳城抵御着喧嚣和浮躁,在江湖中不断生长。白居易的到来,让这座城市走向了它的至亮时刻。《琵琶行》的出现,使这座城市有了传诵千古的诗歌。

当一个人遭受磨难和挫折的时候,往往是成就自己的时候。白居易是幸运的,在这个夜晚,悠悠的浔阳江水微微荡漾,瑟瑟的秋风拂过肌肤,在飘飞的荻花中,他遇见了一个琵琶女,他们境遇相通。琵琶女拨弄着琴弦,高涨的情绪借着琵琶声宣泄而出,摇荡了整个江面。荻花落水,秋风哀怨,仿佛整个夜色、整个秋天都能感受到她的哀伤。此时此地,在一众暗暗垂泪的听者中间,那个拿袖子不住抹泪的男人听懂了她的忧愁。在湿漉漉的浔阳江畔,白居易邂逅了一个知音,于是,他在琵琶女那嘈嘈切切的琵琶声的伴奏下,将属于他们的故事,写成了平平仄仄的诗歌。同时,他还流下了两行滚烫的泪水,这泪水,沾湿了这位江州司马的青衫……

白居易用笔墨轻染了一片明月给九江,它超然于碧落,又让人伤感,"此时无声胜有声"。

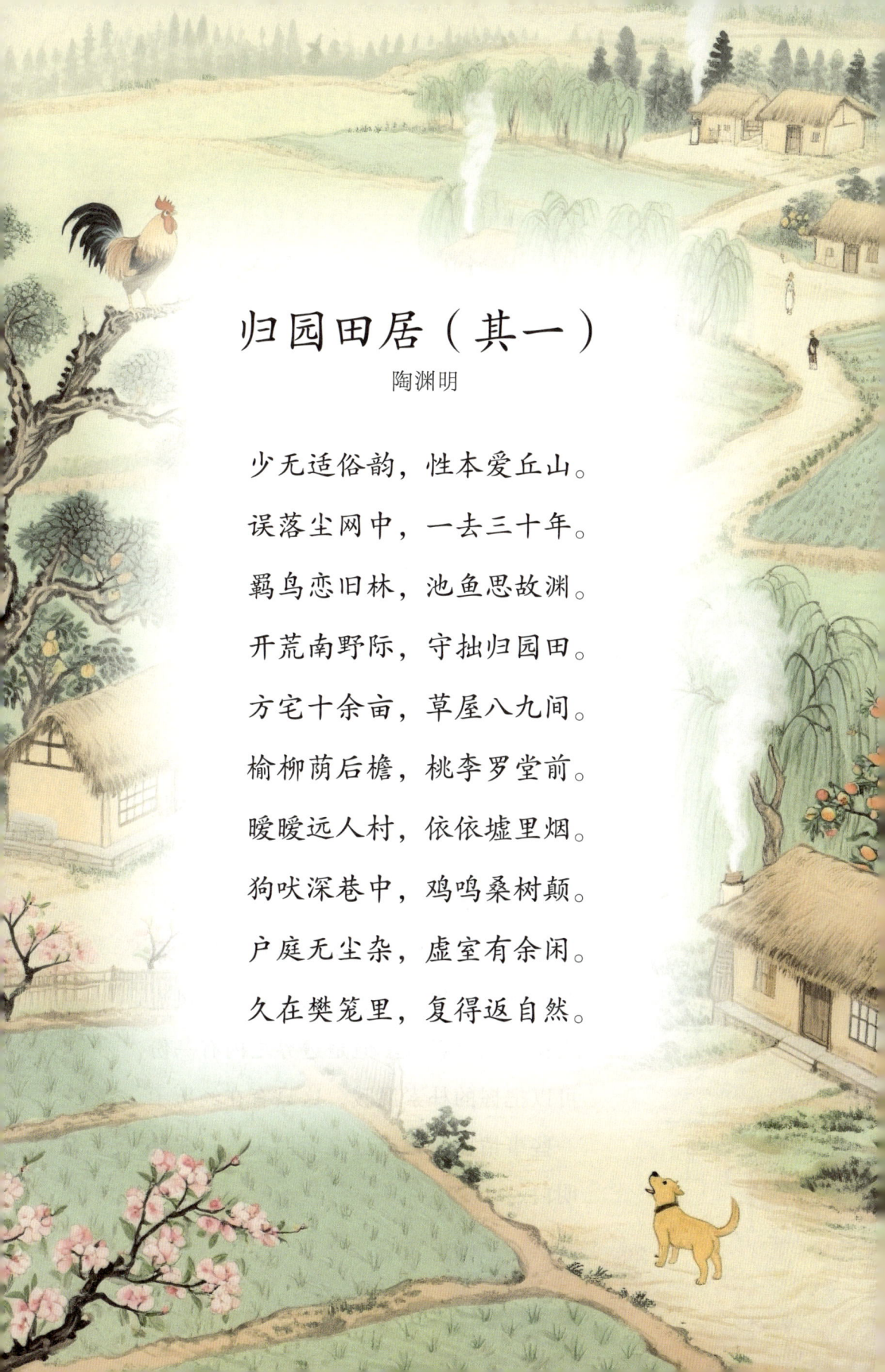

归园田居（其一）

陶渊明

少无适俗韵，性本爱丘山。
误落尘网中，一去三十年。
羁鸟恋旧林，池鱼思故渊。
开荒南野际，守拙归园田。
方宅十余亩，草屋八九间。
榆柳荫后檐，桃李罗堂前。
暧暧远人村，依依墟里烟。
狗吠深巷中，鸡鸣桑树颠。
户庭无尘杂，虚室有余闲。
久在樊笼里，复得返自然。

35 田园草屋居

(相关课文:人教社统编语文教材高中必修上册)

陶渊明"归来"的是什么地方?

"田"和"园"这两个汉字的结构挺有意思,都是有边框的。"归园田"是指什么呢?就是回到自己有边界的生活中。人在年轻的时候希望生活没有边界,希望辽阔,希望一次次在山巅水涯中风流飞扬,志得意满。但是边界之内有一份可以把握的朴素温暖,这只有在经历了一些事情以后,走远之后回头看,才会明白。

庐山桃花源

陶渊明真正"归来"之后,在他的第一首《归园田居》里面说:"少无适俗韵,性本爱丘山。误落尘网中,一去三十年。"陶渊明天性热爱自然山水,而适应当时的官场对他来说,着实有些艰难。人在社会化进程里,难免"误落"尘网中。什么叫"误落"?这两个字挺有意思,因为一个人成长中求学、求功名,走着走着,就忘了出发的初心,恍惚间会觉得失去了什么。陶渊明认为,他是错误地掉进了深深的尘世之中。

人有失则必有所得,陶渊明的归来至少让他守住了一方田园。陶渊明的田园,极目远眺,"暧暧远人村,依依墟里烟。狗吠深巷中,鸡鸣桑树颠"。远处的那些村落

九江归来亭

依稀可见，村落里的人们各自过着他们的生活。人们生火做饭，炊烟袅袅，这是一种充满烟火气的日子，而不是荒园。正是有这样的鸡犬相闻，你才会觉得这是人间。真正的桃花源，它不在世外秘境，而在人心肃静的一念之间。

九江就是这样一个地方，在庐山脚下，在彭泽古邑，到处都有陶渊明的故事，到处都有诗酒田园。陶渊明的名字始终与南山、明月、青松、菊花和酒这样的事物紧密相连，这种独特的关联，恰似诗人作为"大地上事物的命名者"，即便隐逸得再深、遁迹得再远，其形象也终将被他所创造描绘的事物勾勒出来，哪怕是寥寥数笔，也有蛛丝马迹可寻。差别仅仅在于，有的清晰，有的模糊。

游园

汤显祖

【皂罗袍】原来姹紫嫣红开遍,似这般都付与断井颓垣。良辰美景奈何天,赏心乐事谁家院!朝飞暮卷,云霞翠轩;雨丝风片,烟波画船——锦屏人忒看的这韶光贱!

选自《牡丹亭》(《汤显祖戏曲集》,上海古籍出版社1978年版)。题目是编者加的。

36 杜丽娘游园惊梦

（相关课文：人教社统编语文教材高中必修下册）

汤显祖（1550—1616），字义仍，号若士，临川（今江西抚州）人，明代戏曲作家。万历二十六年（1598），汤显祖从浙江遂昌县弃官回到故乡临川，携父母入住玉茗堂，后半生以戏曲文学创作和演出活动为追求，著有被称为"临川四梦"的《牡丹亭》《邯郸记》《南柯记》《紫钗记》，在中国乃至世界文学史上享有盛誉。

在"临川四梦"中，最受推崇、

抚州汤显祖纪念馆

社会影响力最大、文学水平最高的当属《牡丹亭》。汤显祖自评"一生四梦,得意处惟在牡丹"。该剧结构典雅,妙笔生花,奠定了汤显祖戏曲大家的地位,堪称中国戏曲史上的巅峰之作,被誉为"中国四大古典戏剧"。

《牡丹亭》讲述了南安太守杜宝之女杜丽娘向往自由和爱情,与新科状元柳梦梅的爱情故事。《皂罗袍》是《牡丹亭》中《游园惊梦》这一折的高潮部分:"原来姹紫嫣红开遍,似这般都付与断井颓垣。良辰美景奈何天,赏心乐事谁家院!朝飞暮卷,云霞翠轩;雨丝风片,烟波

画船——锦屏人忒看的这韶光贱！"这段曲词借杜丽娘游园的一声叹息，用绝美词曲和深刻意蕴，细腻生动地描摹了一个少女青春萌动时的微妙心理。

汤显祖人生的失意是其创作《牡丹亭》的深层原因，而两度造访赣州大余县的所见所闻则直接推动了作品的诞生。万历十九年（1591），任南京礼部祠祭司主事的汤显祖，因上奏《论辅臣科臣疏》被贬至广东徐闻县担任典史小官。两年后，曾陷害他的首辅大臣倒台，汤显祖升任浙江遂昌县知县。

汤显祖途经南安时，曾在此逗留了一个多月。其间南安的风土人情、民间故事传说填补了汤显祖所有的时间空白。当时地方流传的"宝积寺的传说""梅花观的传说""蕉龙精的传说"等故事深深地激发着汤显祖的深层创作欲望。当汤显祖从遂昌知县卸任回到临川后，仅半年的时间，便创作了《牡丹亭》这部极富浪漫主义情怀的不朽杰作。

汤显祖写《牡丹亭》，既是在写自己，又是在写众生。动情和入戏是两个无法分开的概念。所以，《牡丹亭》虽是文人案头剧的代表，但它的演出几乎与文学文本创作实现了同一步调。《牡丹亭》全剧刚脱稿，汤显祖便"自行歌而持板"，日日演练。汤显祖成了作品里的不同角色，心里的《牡丹亭》已经上演了无数遍。除此之外，汤显祖写剧本时，地请歌童试唱，他的"临川四梦"都是边写边唱、字斟句酌完成的。

作为集创、导、唱于一体的艺术家，汤显祖是《牡丹亭》最初演出的组织者和指导者。首批参加演出的演员均为江西艺人，汤显祖手把手地教唱，排练时身兼数

《牡丹亭》剧照

抚州文昌里历史文化街区

职,是名副其实的总导演。演员们对他是又敬又畏,但都在一招一式的学习中收获满满。

　　汤显祖是一个有梦想,而且敢于全力以赴投入梦想的人。他将现实的不快、不安和不堪统统收拾成行囊,搁置在繁华世界的转弯处,继而潇洒前行。

滕王阁序

王勃

　　豫章故郡，洪都新府。星分翼轸，地接衡庐。襟三江而带五湖，控蛮荆而引瓯越。物华天宝，龙光射牛斗之墟；人杰地灵，徐孺下陈蕃之榻。雄州雾列，俊采星驰。台隍枕夷夏之交，宾主尽东南之美。都督阎公之雅望，棨戟遥临；宇文新州之懿范，襜帷暂驻。十旬休假，胜友如云；千里逢迎，高朋满座。腾蛟起凤，孟学士之词宗；紫电青霜，王将军之武库。家君作宰，路出名区；童子何知，躬逢胜饯。

　　时维九月，序属三秋。潦水尽而寒潭清，烟光凝而暮山紫。俨骖𬴂于上路，访风景于崇阿；临帝子之长洲，得天人之旧馆。层峦耸翠，

选自《王子安集注》卷八（上海古籍出版社1995年版），原题作《秋日登洪府滕王阁饯别序》。

上出重霄；飞阁流丹，下临无地。鹤汀凫渚，穷岛屿之萦回；桂殿兰宫，即冈峦之体势。

披绣闼，俯雕甍，山原旷其盈视，川泽纡其骇瞩。闾阎扑地，钟鸣鼎食之家；舸舰弥津，青雀黄龙之轴。云销雨霁，彩彻区明。落霞与孤鹜齐飞，秋水共长天一色。渔舟唱晚，响穷彭蠡之滨；雁阵惊寒，声断衡阳之浦。

遥襟甫畅，逸兴遄飞。爽籁发而清风生，纤歌凝而白云遏。睢园绿竹，气凌彭泽之樽；邺水朱华，光照临川之笔。四美具，二难并。穷睇眄于中天，极娱游于暇日。天高地迥，觉宇宙之无穷；兴尽悲来，识盈虚之有数。望长安于日下，目吴会于云间。地势极而南溟深，天柱高而北辰远。关山难越，谁悲失路之人？萍水相逢，尽是他乡之客。怀帝阍而不见，奉宣室以何年？

嗟乎！时运不齐，命途多舛。冯唐易老，

李广难封。屈贾谊于长沙，非无圣主；窜梁鸿于海曲，岂乏明时？所赖君子见机，达人知命。老当益壮，宁移白首之心？穷且益坚，不坠青云之志。酌贪泉而觉爽，处涸辙以犹欢。北海虽赊，扶摇可接；东隅已逝，桑榆非晚。孟尝高洁，空余报国之情；阮籍猖狂，岂效穷途之哭！

勃，三尺微命，一介书生。无路请缨，等终军之弱冠；有怀投笔，慕宗悫之长风。舍簪笏于百龄，奉晨昏于万里。非谢家之宝树，接孟氏之芳邻。他日趋庭，叨陪鲤对；今兹捧袂，喜托龙门。杨意不逢，抚凌云而自惜；钟期既遇，奏流水以何惭？

呜呼！胜地不常，盛筵难再；兰亭已矣，梓泽丘墟。临别赠言，幸承恩于伟饯；登高作赋，是所望于群公。敢竭鄙怀，恭疏短引；一言均赋，四韵俱成。请洒潘江，各倾陆海云尔。

37 秋水共长天一色

（相关课文：人教版语文教材高中必修5）

　　无论你是不是因为"落霞与孤鹜齐飞，秋水共长天一色"这一名句来到江西，但只要你沿着王勃的足迹，登上千古流芳的滕王阁，江西的风土人情一定会成为你行走的理由。

　　其实，中国曾经有过三座滕王阁，一座在江西南昌，一座在山东滕州，还有一座在四川阆中。三座滕王阁由同一人所建，即太宗李世民的亲弟弟——滕王李元婴。今天说起滕王

滕王阁霞光

阁,世人必然指向江西南昌。青年才俊王勃曾到此一游,留下了《滕王阁序》这篇风华绝代、起承转合的佳作。

王勃出生于山西河津的儒学世家,祖父王通在隋朝时就是远近闻名的大儒,他门下弟子众多,包括房玄龄、魏徵等人。早慧的王勃自幼聪慧好学,6岁便能妙笔生花,诗词歌赋写得行云流水。他16岁考中进士,成为大唐最年轻的官员。

一次机缘巧合,王勃加入了沛王与英王的斗鸡比赛,一时兴起写下《斗鸡檄》一文。此事传到高宗皇帝那里,勾起了李姓皇族两代兄弟之间的痛苦回忆,高宗龙颜大怒，当即下令将王勃逐出长安。王勃离开长安后，前往巴蜀一带游历，试图在山水间慰藉失意。

数年后，恰逢滕王阁修成，东道主阎都督邀请王勃参加宴会。宴会上，阎都督拿出备好的纸笔，邀请大家为新落成的滕王阁留下墨宝。王勃借着醉意接过了纸笔，眼前之景与过往之情互相交织，半醉半醒之间，感慨万千，一篇千古流传的《滕王阁序》即将喷薄而出。

"豫章故郡，洪都新府。星分翼轸，地接衡庐。襟三江而带五湖，控蛮荆而引瓯越。物华天宝，龙光射牛斗之墟；人杰地灵，徐孺下陈蕃之榻。雄州雾列，俊采星驰。台隍枕夷夏之交，宾主尽东南之美。都督阎公之雅望，棨戟遥临；宇文新州之懿范，襜帷暂驻。十旬休假，胜友如云；千里逢迎，高朋满座。腾蛟起凤，孟学士之词宗；紫电青霜，王将军之武库。家君作宰，路出名区；童子何知，躬逢胜饯。……"这一字千金的分量，彻底征服了众人，称一句"前无古人，后无来者"毫不为过也。

兴许是年少爱玩闹的性子驱使，《滕王阁序》作成后，王勃又附了一首七言古诗《滕王阁》在其后。可是王勃写到最后一句却空了一字未写，只留下"槛外长江□自流"便将文章呈上离去。在座之人纷纷猜测，有人猜方格内是"水"字，也有人猜是"独"字，阎都督均觉不

滕王阁夜景

赣江

妥，遂派人追上王勃，请他补上。众人追到驿馆，王勃的随从对来人说："我家主人吩咐了，一字千金，不能再随便写了。"阎都督知道后说："人才难得"，便包了千两银子，亲自带文人们来见王勃。王勃接过银子，故作惊讶地说："我不是把字写全了吗？"大家都说："那不是空个字吗？"王勃说："对呀！就是'空'字呀！'槛外长江空自流'！"众人恍然大悟。

　　历史如滚滚赣江东流而去，王勃的身影却永远留在滕王阁的故事里。滕王阁历经多次重建，气势愈发英挺。每当晚霞飘飞，秋风吹起，滕王阁是否在赣江畔思念当年那个曾经来过的年轻人？

归去来兮辞并序

陶渊明

余家贫,耕植不足以自给。幼稚盈室,瓶无储粟,生生所资,未见其术。亲故多劝余为长吏,脱然有怀,求之靡途。会有四方之事,诸侯以惠爱为德,家叔以余贫苦,遂见用于小邑。于时风波未静,心惮远役,彭泽去家百里,公田之利,足以为酒。故便求之。及少日,眷然有"归欤"之情。何则?质性自然,非矫厉所得。饥冻虽切,违己交病。尝从人事,皆口腹自役。于是怅然慷慨,深愧平生之志。犹望一稔,当敛裳宵逝。寻程氏妹丧于武昌,情在骏奔,

---

选自《陶渊明集》卷五(中华书局1979年版)。亦题作《归去来辞》。

自免去职。仲秋至冬，在官八十余日。因事顺心，命篇曰《归去来兮》。乙巳岁十一月也。

归去来兮，田园将芜胡不归？既自以心为形役，奚惆怅而独悲？悟已往之不谏，知来者之可追。实迷途其未远，觉今是而昨非。舟遥遥以轻飏，风飘飘而吹衣。问征夫以前路，恨晨光之熹微。

乃瞻衡宇，载欣载奔。僮仆欢迎，稚子候门。三径就荒，松菊犹存。携幼入室，有酒盈樽。引壶觞以自酌，眄庭柯以怡颜。倚南窗以寄傲，审容膝之易安。园日涉以成趣，门虽设而常关。策扶老以流憩，时矫首而遐观。云无心以出岫，鸟倦飞而知还。景翳翳以将入，抚孤松而盘桓。

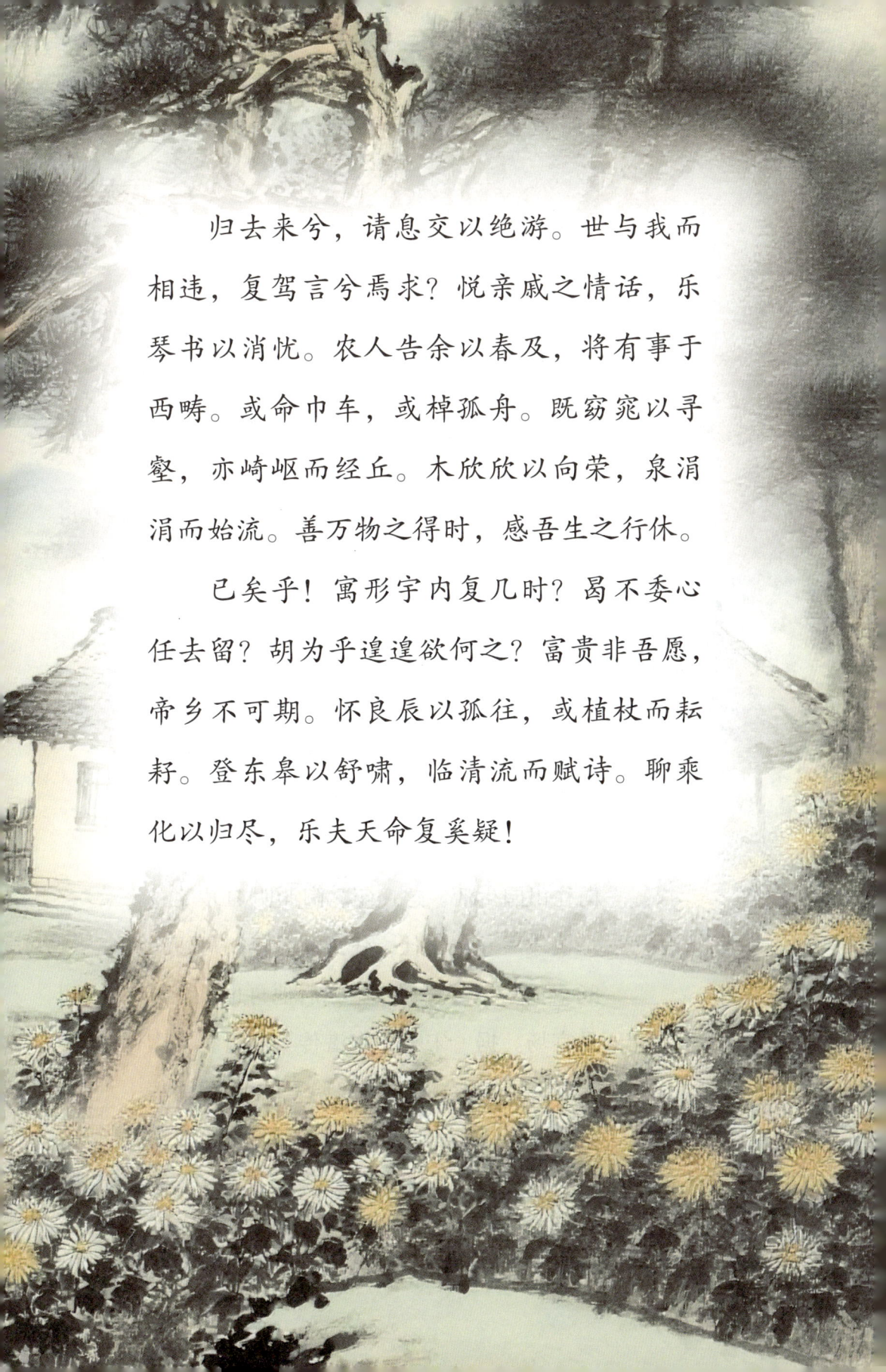

归去来兮,请息交以绝游。世与我而相违,复驾言兮焉求?悦亲戚之情话,乐琴书以消忧。农人告余以春及,将有事于西畴。或命巾车,或棹孤舟。既窈窕以寻壑,亦崎岖而经丘。木欣欣以向荣,泉涓涓而始流。善万物之得时,感吾生之行休。

已矣乎!寓形宇内复几时?曷不委心任去留?胡为乎遑遑欲何之?富贵非吾愿,帝乡不可期。怀良辰以孤往,或植杖而耘耔。登东皋以舒啸,临清流而赋诗。聊乘化以归尽,乐夫天命复奚疑!

38 弃官归田心自安

（相关课文：人教社统编语文教材高中选择性必修下册）

义熙元年（405），陶渊明弃官归田，挥笔写下《归去来兮辞》。陶渊明从29岁起踏上仕途，为官13年，一直厌恶官场，向往田园生活。这一年，陶渊明41岁，这是他最后一次出仕，任彭泽县令，可短短80多天后即辞官回家，之后他再也没有涉足官场。据《宋书·陶潜传》和萧统《陶渊明传》载，陶渊明归隐是出于对腐朽现实的不满。当时郡里一名督邮来彭泽巡视，督邮要陶渊明束带迎接以示敬意。陶

湖口江湖两色

渊明气愤地说:"吾不能为五斗米折腰,拳拳事乡里小人邪!"当即挂冠弃职,并赋《归去来兮辞》,以明心志。

　　人在成长过程中,会从一个自然个体逐步融入社会,然后建功立业,实现自我价值。但是实现自我价值是终极目标吗?社会角色的成功是实现自我价值的标准吗?比实现自我价值更高的追求是"超越",而"超越"有时候体现为"归来"。陶渊明的"归来"究竟归向何方呢?他回到了人的天性,成就了本真自我;他回到了他的田

彭泽大圣塔

彭泽县棉船镇万亩油菜花

园,那就是自然。一个自我,一个自然,内在与外在真正融合成一份自在,完成了社会角色的跨越,真正实现了心灵的自由。

古彭泽县衙遗址位于江西湖口县均桥镇柳德昭村,现在已是一片废墟。1600多年前的古县衙早已变成了阡陌纵横的农民菜园。只有那些残存的旗鼓石、拴马石、台基、瓦砾与碎片,在向人们诉说着这里曾经的繁华。陶渊明曾在这里为官80余天,他在《归去来兮辞》的序里,只说自己出来做官是因为家贫、要挣钱,可官场生活与自己的本性相悖,"深愧平生之志",陶渊明内心备受煎熬。这时不巧他嫁到武昌程家的妹妹去世了,他急着去吊唁,遂离职而去。如果我们相信诗人的自述,那他就不是挂冠直接回家的,而是从彭泽过鄱阳湖,溯江而上,奔赴武昌。

在诗人归家的路上,风一直吹拂着衣裳,他一遍一遍地向人问路,难道他不认识归去的路吗?其实"归来"很简单,一丛菊花、一杯老酒、一声孩子的呼唤,皆是"归来"。

乐天命,不怀疑,生命本该如此。"采菊东篱下,悠然见南山",一个人的价值和心愿会驱动他去追求真正想往的生活。

石钟山记

苏轼

《水经》云:"彭蠡之口有石钟山焉。"郦元以为下临深潭,微风鼓浪,水石相搏,声如洪钟。是说也,人常疑之。今以钟磬置水中,虽大风浪不能鸣也,而况石乎!至唐李渤始访其遗踪,得双石于潭上,扣而聆之,南声函胡,北音清越,桴止响腾,余韵徐歇。自以为得之矣。然是说也,余尤疑之。石之铿然有声者,所在皆是也,而此独以钟名,何哉?

元丰七年六月丁丑,余自齐安舟行适临汝,而长子迈将赴饶之德兴尉,送之至

选自《苏轼文集》卷十一(中华书局1986年版)。

湖口，因得观所谓石钟者。寺僧使小童持斧，于乱石间择其一二扣之，硿硿焉。余固笑而不信也。至莫夜月明，独与迈乘小舟，至绝壁下。大石侧立千尺，如猛兽奇鬼，森然欲搏人；而山上栖鹘，闻人声亦惊起，磔磔云霄间；又有若老人咳且笑于山谷中者，或曰此鹳鹤也。余方心动欲还，而大声发于水上，噌吰如钟鼓不绝。舟人大恐。徐而察之，则山下皆石穴罅，不知其浅深，微波入焉，涵澹澎湃而为此也。舟回至两山间，将入港口，有大石当中流，可坐百人，空中而多窍，与风水相吞吐，有窾坎镗鞳之声，与向之噌吰者相应，如乐作焉。因笑谓迈曰："汝识之乎？噌吰者，周景王之无射也；窾坎镗鞳者，魏庄子之

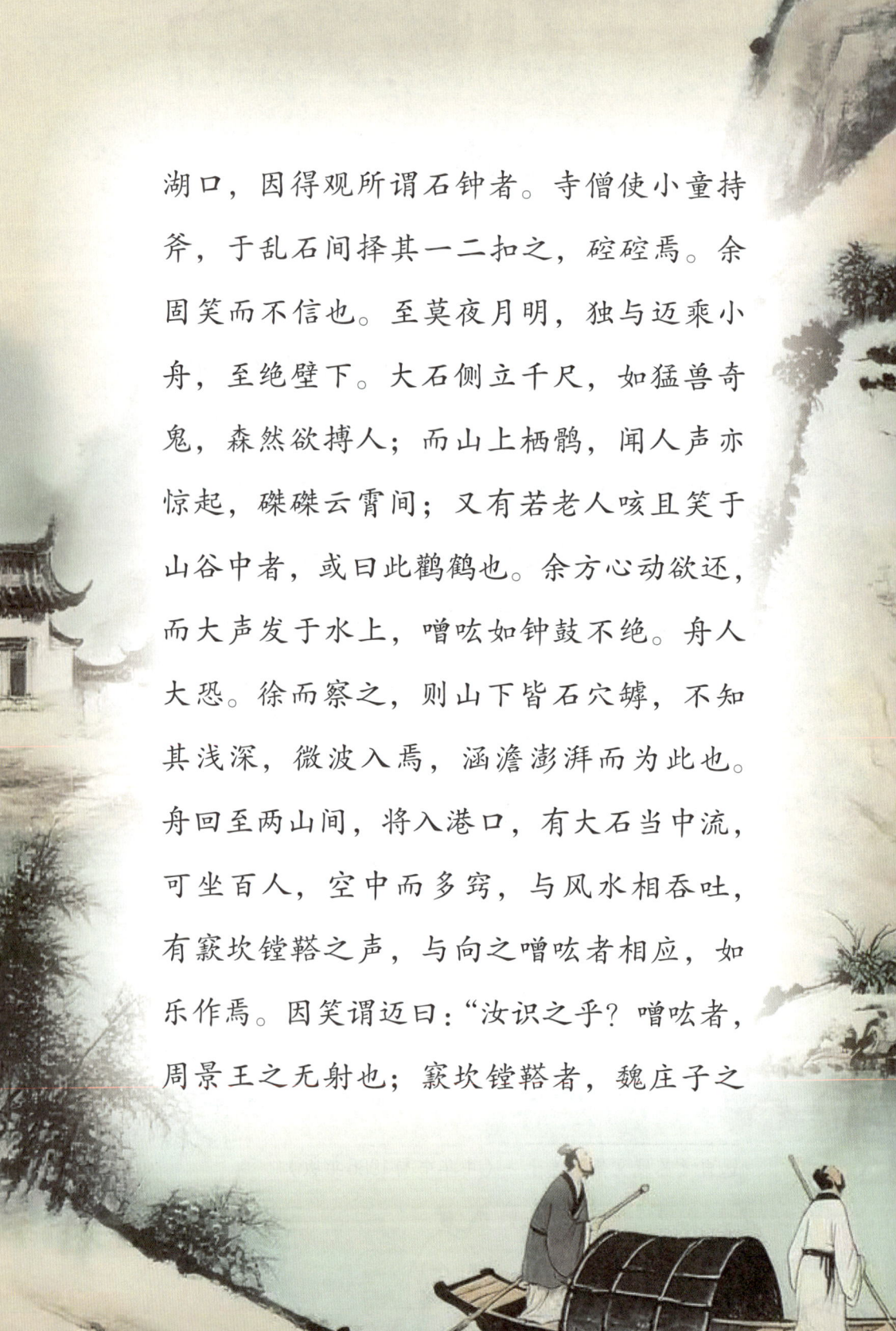

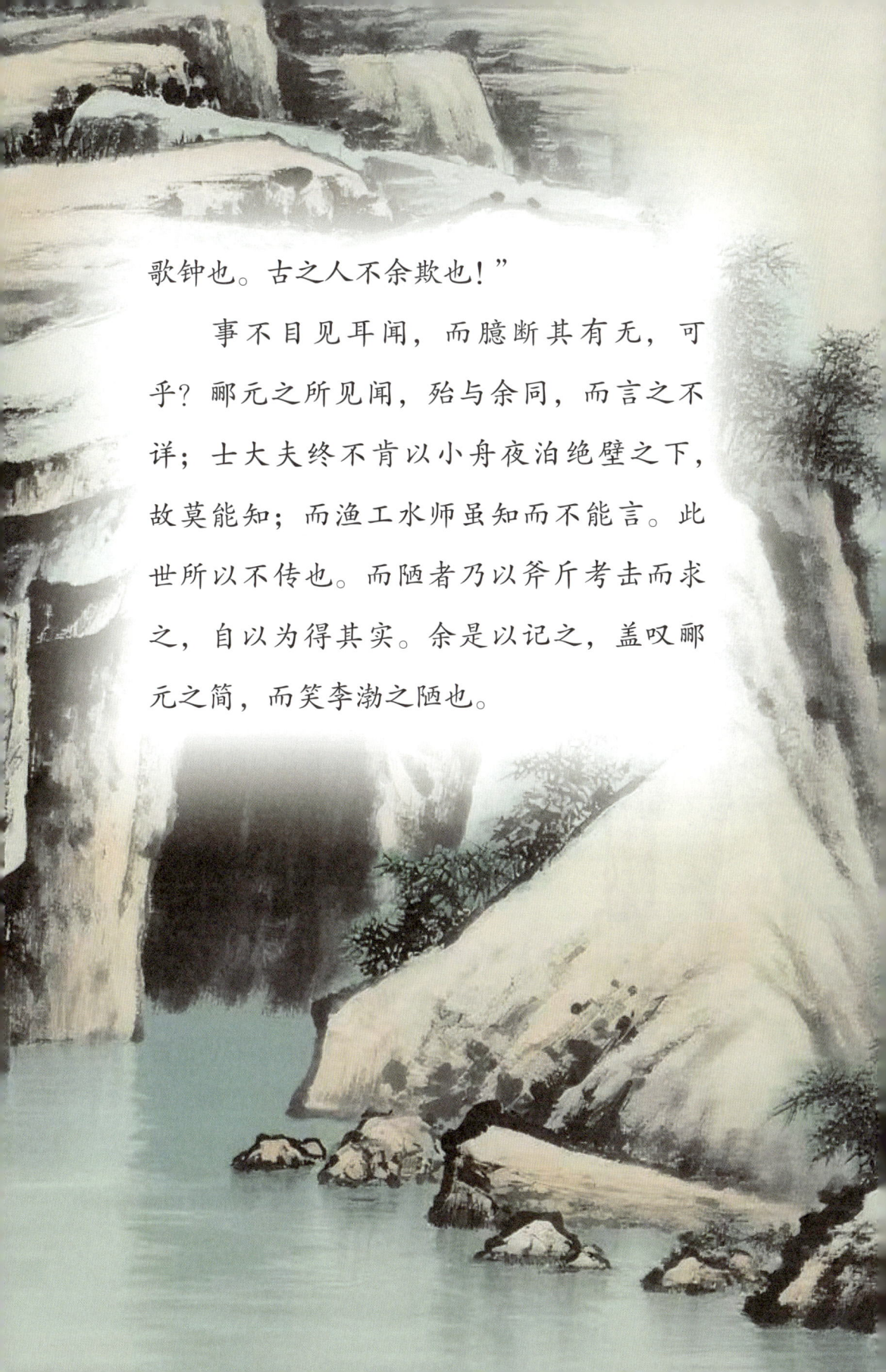

歌钟也。古之人不余欺也！"

事不目见耳闻,而臆断其有无,可乎?郦元之所见闻,殆与余同,而言之不详;士大夫终不肯以小舟夜泊绝壁之下,故莫能知;而渔工水师虽知而不能言。此世所以不传也。而陋者乃以斧斤考击而求之,自以为得其实。余是以记之,盖叹郦元之简,而笑李渤之陋也。

39 江湖奇峰石钟山

（相关课文：人教社统编语文教材高中选择性必修下册）

　　船行湖口，长江与鄱阳湖在此交汇，石钟山似巨砥镇于此，水流滔滔。

　　石钟山的地理位置得天独厚，在湖口远眺，景象是气吞山河、水天相接。山上有亭，亭上有联："江湖水分两色，石钟浪击千年。"恰似苏轼词中意境，大江东去的豪万气概扑面而来。鄱阳湖同样辽阔浩渺，水流浩荡，

湖口县凤凰山村

眼前一宽。

石钟山的名字也韵味独到,山以钟名,千古流传。季羡林先生曾言,"幼时读苏东坡《石钟山记》,爱其文章奇诡,绘声绘色,大为钦佩,爱不释手,往复诵读,至今犹能背诵,只字不遗。但是,我从来也没有敢想,自己能够亲履其地。今天竟能于无意中来到这里,真正像做梦一般,用金圣叹的笔调来表达,就是'岂不快哉!'"

元丰七年(1084)六月,苏轼由黄州团练副使调任

268　课文里的中国·江西

湖口石钟山

汝州（河南汝州）团练副使时，借送他的长子苏迈到饶州德兴县（江西德兴）任县尉，途经湖口县，游览石钟山时，写下了《石钟山记》这篇文章。山因人传，山随文走，石钟山的名气也随之提升，几乎天下皆知了。宋代以后又有许多人来考察此山，石钟山名字的由来也产生了一种新的解释。明代有人认为，整座石钟山内部被侵蚀一空，仿佛一口巨大的石钟扣覆在地面上，故此得名"石钟山"；今人经过考察，认为石钟山之所以得名，是因为它既具有钟之"声"，又具有钟之"形"。尽管关于石钟山命名的由来众说纷纭，但是，苏轼这篇《石钟山记》在所有描写石钟山的文章中，是艺术成就最高、影响最大的，这是毫无争议的。

遥想当年，苏轼父子于深夜时分，以一叶扁舟，不惧小舟倾覆的危险，在风浪中亲临深潭，这种求真务实、勇于探险的精神，思之不禁令人神往，肃然起敬。从夜访石钟山这件事情中，苏轼悟得：凡事不亲眼看到、亲耳听到，仅根据主观猜测去推断有无，是不可能得出正确结论的。

阅读苏轼文章的时候，我们总是很难将注意力全部集中到他的文学成就上。他留下了那么多诗词，声声入耳入心，我们总能够从其人生里，寻得活着的理由和价

湖口鞋山（又称大孤山）

值。在这里，我们不仅能感受到他的质疑精神，也能体会到他淡泊纯粹的心性，并发现他的教子有方。试想他乘小舟夜探石钟山，我们仿佛看到了一位诗人对生活的热爱，他始终自由自在，对生活报以兴趣，报以微笑。他曾在诗中写道："九死南荒吾不恨，兹游奇绝冠平生！"这样的人生境界确非常人所能抵达，纵览中国文学史，能做到的又有几人呢？

登快阁

黄庭坚

痴儿了却公家事,快阁东西倚晚晴。
落木千山天远大,澄江一道月分明。
朱弦已为佳人绝,青眼聊因美酒横。
万里归船弄长笛,此心吾与白鸥盟。

选自《山谷外集诗注》卷十一(《黄庭坚诗集注》中华书局2003年版)。

40 落木千山天远大

（相关课文：人教社统编语文教材高中选择性必修下册）

秋夜，在江西泰和的快阁上，几许淡淡的思虑笼罩在黄庭坚的心头。过去的故事悄悄溜进眼前的风景，微风吹起，一阵怀乡的情愫隐隐袭来。此刻，一只飞鸟落在了旁边的树梢上，向着碧空如洗的江面发出叽叽喳喳的声音。黄庭坚似乎听懂了小鸟的呢喃和呼唤，提笔写下《登快阁》一诗："痴儿了却公家事，快阁东西倚晚

黄庭坚纪念馆全景

晴。落木千山天远大,澄江一道月分明。朱弦已为佳人绝,青眼聊因美酒横。万里归船弄长笛,此心吾与白鸥盟。"此诗有情有景,有遗憾有期待,有自嘲更有不愿道明的为政之心。

作为中国文化史上的巨匠,黄庭坚一身傲骨、正气凛然,无论做官、做学问,还是为师、为友,都堪称文人之表率。

受乌台诗案牵连,元丰三年(1080),黄庭坚由国子监教授被贬为泰和县令。黄庭坚到泰和上任正值春耕时节。按理,田间地头应是一片繁忙的农耕景象。可是,当黄庭坚带着属官巡视县城附近的乡村时,却发现大片良田上耕种之人少之又少,如此反常的现象让黄庭坚疑

惑不已。此时，在一片水田里有个瘸腿的老人正在艰难地推着犁耙，于是黄庭坚快步上前与老人攀谈起来。老人说，因赋税过重，年轻人有的经商，有的逃役，村里只剩下像他这样行动不便的人，农活能做一点算一点。离乡背井的人也不知道怎样了，种一点水稻等他们回来，好歹也有一口饭吃。黄庭坚听后内心波涛翻滚，他握着老人的手说："您放心，请您的儿子回来，我们都会有饭吃，过上好日子的。"黄庭坚没有食言，随之采取的有效措施大大减轻了农民的负担，原先离开的人口耳相传，又回到了家乡，用心耕种，过上了安居乐业的生活。

黄庭坚在泰和任上躬于政务，体恤民情，常常深入穷乡僻壤、密林山区调查走访。当时，朝廷强推盐务专卖的政策，各县纷纷应诏，只有泰和县没有响应。黄庭坚深入实地调查，发现了政策本身存在的漏洞，写下了《上大蒙笼》等十多首体恤民情的诗作，对该政策提出批评，保护了泰和县百姓的利益。

在公务之余，黄庭坚经常登快阁观景览胜。元丰五年（1082）秋天的一个傍晚，黄庭坚再次登上快阁，并赋诗一首。快阁因有黄庭坚的题诗，吸引了许多达官名流和饱学之士前来游览题咏，历经宋、元、明、清而不绝，著名的有南宋的陆游、文天祥、杨万里，元代的刘

落木千山天远大　　275

吉安市泰和县快阁

黄庭坚故里双井进士园

鹗,明朝的王直、罗钦顺,清代的高咏等人。历代题咏的诗篇数以百计,其中文天祥的《囚经泰和仰望快阁感赋》为黄庭坚的《登快阁》诗之后最负盛名的诗作。

快阁看似一幢建筑物,内在却贮藏着一代代吟咏之士的心语心愿。快阁在我国南方楼台亭阁中颇具名气,作为古阁楼建筑之一,在全国也算知名,并以独特的建筑风格、悠久的历史和灿烂的文化而被载入《中国名胜词典》。

今天,我们登上快阁,已然无法找到黄庭坚的脚印,但我们可以追忆的是黄庭坚、文天祥的心迹。当我们登上快阁,千年前的微风一定会吹进我们的心里。我们在微风里,可以感受到黄庭坚的笑意、文天祥的凛然,并且久久挥之不去。

庐山谣寄卢侍御虚舟

李白

我本楚狂人,凤歌笑孔丘。

手持绿玉杖,朝别黄鹤楼。

五岳寻仙不辞远,一生好入名山游。

庐山秀出南斗傍,屏风九叠云锦张,

影落明湖青黛光。

金阙前开二峰长,银河倒挂三石梁。

香炉瀑布遥相望,回崖沓嶂凌苍苍。

翠影红霞映朝日,鸟飞不到吴天长。

登高壮观天地间,大江茫茫去不还。

黄云万里动风色,白波九道流雪山。

好为庐山谣,兴因庐山发。

闲窥石镜清我心,谢公行处苍苔没。

早服还丹无世情,琴心三叠道初成。

遥见仙人彩云里,手把芙蓉朝玉京。

先期汗漫九垓上,愿接卢遨游太清。

41 登高壮观天地间

（相关课文：粤教版语文教材高中选修）

"五岳寻仙不辞远，一生好入名山游。"

"山"原本是一种自然的地理事物，它高耸、巍峨、磅礴；它拔地凌云，与天比肩；它横亘久远，千古不变。于是，在人们的观念中，山具有了更丰富的内涵与意味。

中国对山的审美始于先秦，成于汉，风行于魏晋、盛唐，此后便一直得到延续。这种对山的亲和所产生的审美感受，使人与山的精神交流达到"神与物游"、物我两忘的超然境界。人们或寄情于山水，或放志于山水，或隐逸于山水，可以说中国人创造了境界非凡的"山文化"。

李白是一个"山缘"很深的人，他自幼生长在巴山蜀水间，醉心于游历。可见了庐山后，他还是陶醉了。他先后五次来到庐山，写下40余首诗词。他赞美庐山说："予行天下，所游览山水甚富，俊伟诡特，鲜有能过之者，真天下壮观也。"生性豪放的李白喜爱庐山是不言而喻的，但他抱负远大，不甘归隐于山间，所以他的一生都在"隐"与"仕"之间苦苦挣扎，而五上庐山的经历恰恰是他这种挣扎的真实体现。每当他在仕途中受到挫折，庐山总会用宽容温柔的胸怀接受他，抚慰他的伤口，帮助他重拾自信，抖擞精神，再度出发。或许，李白的命运早已同庐山缠绕在一起。

李白是何等人物？他自称"我本楚狂人，凤歌笑孔丘"。他本来就不是按照朝廷科班序列去考取功名的凡人，他是旷世的逸民。在人生理想受到现实的打击之后，他对孔子的济世之道就更不认同了。他像楚狂接舆吟唱的"凤兮凤兮，何德之衰？往者不可谏，来者犹可追。已而，已而"那样，展开了另一种人生追求：名山大川之间有他生命中更真切的寄托。

诗人登高远眺，以如椽大笔，彩绘长江的雄伟气势："登高壮观天地间，大江茫茫去不还。黄云万里动风色，白波九道流雪山。"九道,古谓长江流至浔阳分为九条支流。雪山,形容白波汹涌,堆叠如山。这几句意为:登临庐山高峰,放眼纵观,只见长江浩浩荡荡,直泻东海,一去不返;万里黄云飘浮,天色瞬息变幻;茫茫九派,白波汹涌奔流,浪高如雪山。诗人豪情满怀,笔墨酣畅,将长江景色写得境界高远,气象万千,何等雄伟,何等壮美!大自然之美激发了大诗人的无限诗情:"好为庐山谣,兴因庐山发。闲窥石镜清我心,谢公行处苍苔没。"石镜,传说在庐山东面有一圆石悬岩,明净能照人形。

庐山五老峰迎客松

庐山湖畔别墅

谢公,南朝宋谢灵运,尝入彭蠡湖口,登庐山,有"攀崖照石镜"的诗句。李白经过永王璘事件的挫折后,重登庐山,不禁感慨万千。这四句大意是:"爱作庐山歌谣,诗兴因庐山而激发。从容自得地照一照石镜,心情为之清爽。谢灵运走过的地方,如今已为青苔所覆盖。"人生无常,盛事难再。李白不禁产生寻仙访道的想法,希望超脱现实,以求解决内心的矛盾。

《庐山谣寄卢侍御虚舟》是写庐山的佳作之一。后代诗评家们对这首诗给予了高度评价。清代诗评家沈德潜曾评价道:"太白七言古,想落天外,局自变生。大江无风,波浪自涌,白云从空,随风变灭。此殆天授,非人可及。"这段话充分赞扬了李白诗歌的独特魅力和他的天赋才华。同时,这首诗也展现了李白独特的个性和深邃的情感。

李白用他宽广的胸襟,给庐山注入了一种宏阔壮观的气象,这气象包容万物,延绵不绝。正是这位过客给庐山写下五彩斑斓的诗句,为庐山留下了瑰丽篇章,秀丽的庐山从此有了蔚为壮观的文学形象和丰富内涵。诗人以大手笔描绘了庐山雄奇壮丽的风光。同时,此诗也表现了诗人的豪迈气概,抒发了诗人寄情山水、纵情遨游、狂放不羁的情怀,表达了诗人想在名山胜景中得到寄托、在神仙境界中逍遥的愿望,流露了诗人因政治失意而避世求仙的愤世之情。

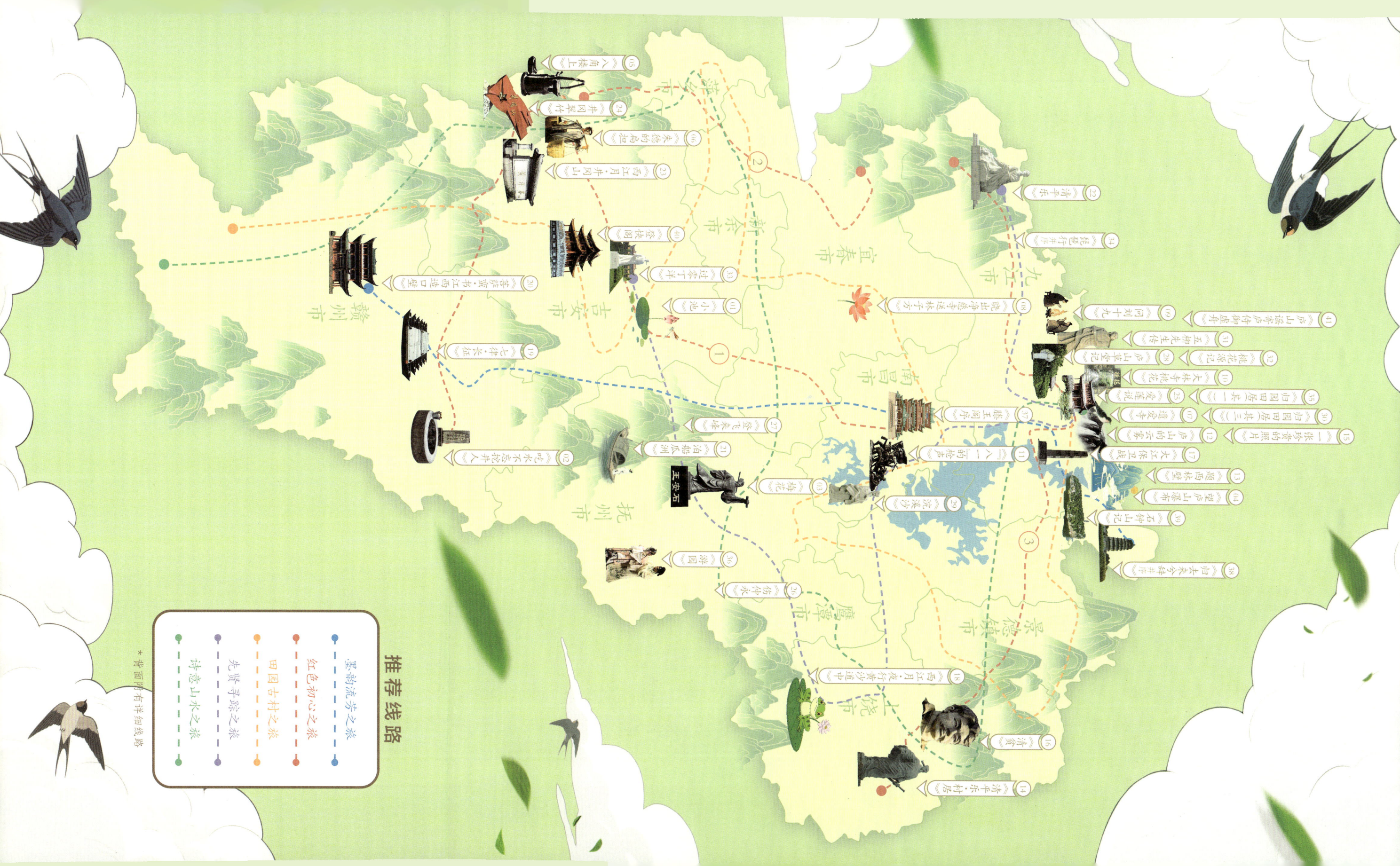

● 墨韵流芳之旅

推荐线路

九江—南昌—赣州

推荐打卡点

九江：	琵琶亭、花径、秀峰、爱莲池、陶渊明纪念馆、桃花源、西林寺、白居易草堂、石钟山
南昌：	滕王阁
赣州：	郁孤台

● 红色初心之旅

推荐线路

① 南昌—井冈山—瑞金
② 宜春—萍乡—吉安
③ 上饶—景德镇—九江

推荐打卡点

南昌：	八一起义纪念馆、八一起义指挥部旧址、江西革命烈士纪念堂
井冈山：	黄洋界哨口、井冈山革命博物馆、茨坪毛泽东旧居、小井红军医院
瑞金：	叶坪红色旅游区、"二苏大"红色旅游区、中华苏维埃纪念园
宜春：	铜鼓秋收起义纪念馆、毛主席化险福地
萍乡：	安源路矿工人运动纪念馆、安源路矿工人俱乐部旧址
吉安：	井冈山革命博物馆、井冈山革命烈士陵园、黄洋界
上饶：	上饶集中营旧址、方志敏旧址、葛源闽浙赣省旧址
景德镇：	中共赣东北特委旧址、红十军建军纪念馆
九江：	庐山会议旧址、秋收起义修水纪念馆

● 田园古村之旅

推荐线路

九江—南昌—景德镇—上饶—鹰潭—抚州—新余—宜春—萍乡—吉安—赣州

推荐打卡点

九江：	东桥镇义门陈村
南昌：	石鼻镇罗田村、大塘坪乡汪山村
景德镇：	勒功乡沧溪村、江村乡严台村
上饶：	江湾镇汪口村、沱川乡理坑村、思口镇延村、浙源乡虹关村、江湾镇江湾村、秋口镇李坑村
鹰潭：	龙虎山上清镇
抚州：	双塘镇竹桥村、牛田镇流坑村
新余：	欧里镇昌坊村
宜春：	天宝乡天宝古村、张巷镇白马寨村
萍乡：	路口镇湖塘村
吉安：	文陂乡渼陂村、金滩镇燕坊村、兴桥镇钓源村
赣州：	白鹭乡白鹭村、关西镇关西村、澄江镇周田村

● 先贤寻踪之旅

推荐线路

九江—上饶—抚州—吉安

推荐打卡点

九江：	陶渊明纪念馆、白居易草堂
上饶：	方志敏故居
抚州：	王安石纪念馆、汤显祖纪念馆
吉安：	文天祥纪念馆

● 诗意山水之旅

推荐线路

九江—上饶—鹰潭—抚州—新余—宜春—萍乡—吉安—赣州

推荐打卡点

九江：	庐山、庐山西海、云居山
上饶：	三清山、龟峰、望仙谷
鹰潭：	龙虎山
抚州：	大觉山
新余：	仙女湖
宜春：	明月山、三爪仑、萝卜潭
萍乡：	武功山
吉安：	井冈山
赣州：	三百山